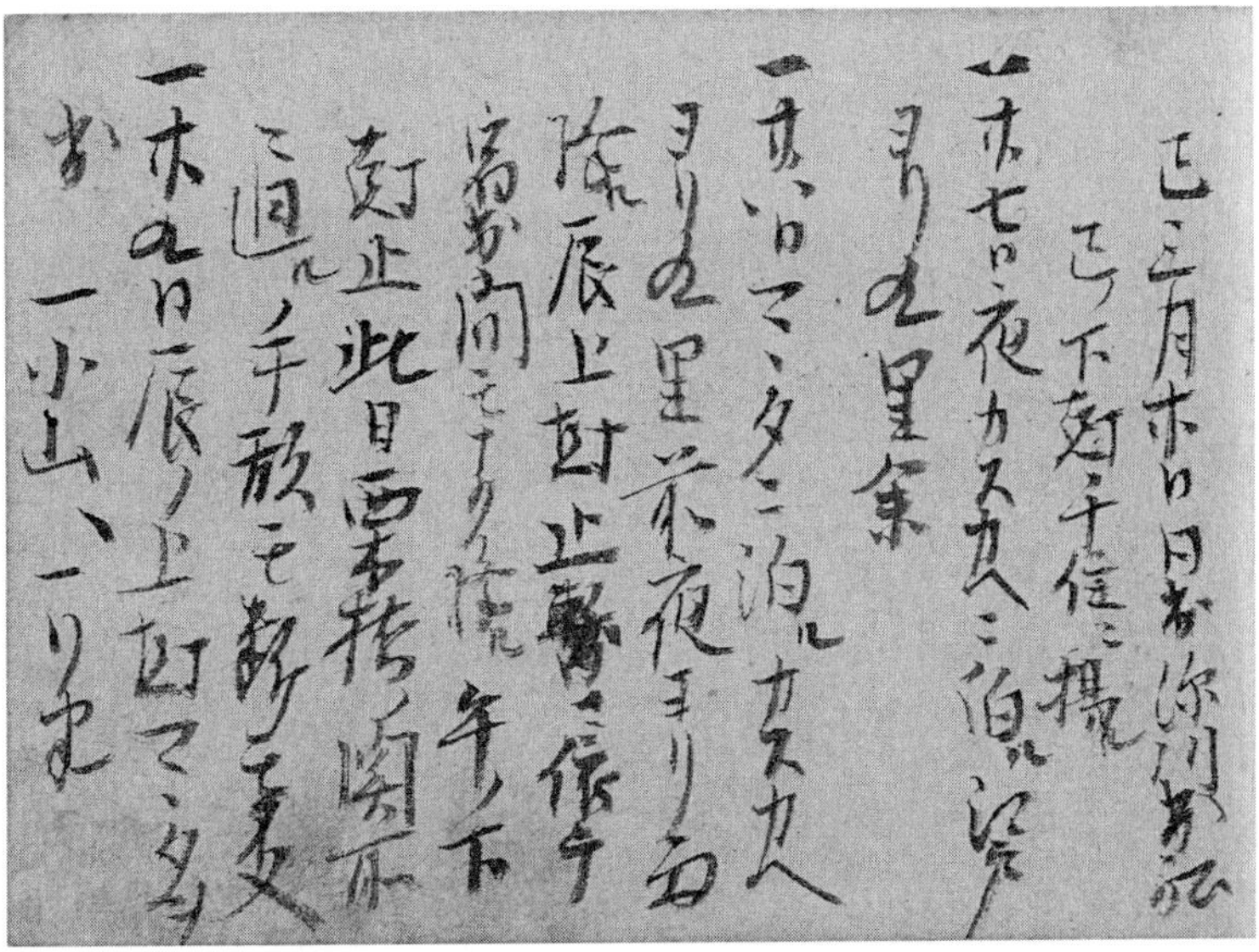

『曾良日記』(二十オ・天理大学附属天理図書館蔵)

奥の細道行脚

奥の細道行脚

『曾良日記』を読む

櫻井武次郎

岩波書店

はじめに

「月日は百代《はくたい》の過客《くわかく》にして、行《ゆき》かふ年も又《また》旅人也《なり》」で始まる『奥の細道』は、人生すなわち旅と観じた〝旅の詩人〟芭蕉が到達しえた生涯の代表作とされる。

言うまでもなく、芭蕉最晩年の元禄七年に完成された『奥の細道』は、その五年前に行なわれた奥羽北陸行脚を素材にしたものであった。元禄二年(一六八九)三月二十七日の早朝に深川を発った芭蕉は、曾良《そら》を伴って、下野国(今の栃木県)から白河関を越えて奥州路に入り、太平洋側の松島・石巻を通ったあと、横断して日本海側の酒田に出て、そこから脚を伸ばして象潟《きさがた》に赴き、酒田に戻ってから北陸道を辿り、敦賀を経て八月二十一日ごろ美濃大垣に到着、九月六日に伊勢に向けて再び出立する——実際の旅と『奥の細道』の旅の時空間は、いま述べた範囲で一致していた。しかし、一致しているのは、この時空間の枠組みだけで、『奥の細道』の内容が実際の旅と大きく離れていることは、既に指摘されているとおりである。

芭蕉の旅はその後も続き、元禄四年十月二十九日の江戸到着まで、二年七ヵ月の長途の行脚だったと言えよう。「奥の細道行脚」の後の、この二年に余る、いわゆる「近畿巡遊」期間の何よりの成果は、「俳諧の古今集」と称された『猿蓑』の編集刊行で、『奥の細道』執筆の意図は、まだ芽生えていなかった。ところで、その『猿蓑』には、当初、従来の撰集にはなかった文章篇を付けようという企画がなされていたが、最終段階で廃案になったのであった。その文章篇の挫折が、新たに、元禄二年の奥羽北陸行脚に取材した長篇、すなわち『奥の細道』を書こうという意図を芭蕉に起こさせたと考えられるのである。

元禄四年の帰東に際しては、まだ芭蕉に『奥の細道』執筆の兆しは見えない。おそらく第三次芭蕉庵に入って後、たぶん元禄六年に入ってから、芭蕉は『奥の細道』の執筆にとりかかり、この年の盆過ぎからの約一ヵ月、いわゆる「閉関」の間に推敲を加えたのであろう。それが、近年に出現した自筆本(野坡本《やば》)であったと推測される。そして、元禄七年四月に素龍《そりよう》に清書させたばかりの一本を持って、翌月上方への最後の旅に発ったのであった。

『奥の細道』は、創作と言ってよいほどの内容となっていた。千住で「幻のちまたに離別の泪をそゝ」いで、芭蕉を思わせる主人公一行は、現実の世界を離れて古典文学の世界へ入っていき、大垣で「蘇生のものにあふがごとく」迎えられて現実の世界に戻ってくる。本書に記した元禄二年の奥羽北陸行脚が「実」の旅とすると、『奥の細道』は「虚」の旅だったと言えるのである。そのことについては、拙著『奥の細道の研究』(和泉書院、二〇〇二年)を読んでいただければ幸いと思う。

さて、『奥の細道』の主人公たちは、次のような基本姿勢で各地を巡っていくように書かれている。出立の前年の秋に「江上の破屋」に旅から戻ってきた主人公は、年が明けると、そぞろ再び旅への思いに取り憑かれ、ふと「只《ただ》かりそめに思ひたちて」、「弥生も末の七日」に「同行曾良」を伴い奥州に向かう。目的とする所は「耳にふれていまだめに見ぬさかひ」すなわち歌枕であり、一行は「桑門の乞食《こつじき》順礼ごとき」有様であった。そしてその旅は、前年までの旅が「漂泊の思ひやまず、海浜にさすら」ったのと同じく、漂泊の旅であった。そのことは、例えば、黒羽到着のところで、予め訪問のことを告げてあったと思われるにもかかわらず「思ひがけぬあるじの悦《よろこ》び」と記すことからも窺えよう。仏道修行の一階梯である「予が薪水の労」を助けてくれた曾良は、めでたく修行なって「旅立暁《たびだつ》、髪を剃《そり》て墨染にさまをかえ」すなわち法体になって「桑門の乞食《こつじき》順礼ごとき」有様で旅を続け、日光裏見の滝で夏行《げぎょう》のまねごとをして興じる。因みに、『奥の細道』に記される、

暫時《しばらく》は滝に籠るや夏《げ》の初《はじめ》

は、『奥の細道』執筆に際して作られた句で、この「夏《げ》の初《はじめ》」とは、今季の夏行の最初というのではなく、法体になって初の夏行という意味であろう。ともかくも、言うならば、観音順礼ならぬ歌枕順礼をなすことが『奥の細道』のモチーフであったのだ。

冒頭近くの「またいつかはと心ぼそし」「幻のちまたに離別の泪《なみだ》をそゝぐ」「もし生《いき》て帰らばと」などと記されるくだりに、芭蕉の健康状態と当時の奥州路の旅の困難さを合わせ見て背景として、死を覚悟して旅に出たのだと読み取るなら、それも〈実〉と〈虚〉の世界を混同したことになりはしまいか。そもそも「順礼」という行為は、死を(本当の意味で)覚悟した行為であったはずなのだ。だ

から『奥の細道』の主人公は、千住から現世を離れた旅に出て、再び大垣で現世に蘇るのである。

とは言っても、芭蕉は、貞享四・五年のいわゆる『笈の小文』の旅で「魚類・肴味口に払捨《はらひすて》、一鉢境界乞食の身」に憧れて旅を続けたのであり、そして、今回の旅は「やつし〳〵てこもかぶるべき心がけ」だと述べている(猿雖《えんすい》宛書簡)。また、二月十六日付の惣七《そうしち》・宗無《そうむ》宛書簡では、「旅の具」として、

短冊百枚　是《これ》かつゑたる日、五銭・十銭と代《しろ》なす物か
筆箱一　雨用意ござ　鉢のこ　拄杖《しゆぢやう》　是二色乞食《こつじき》の支度
ひの木笠　茶の羽織　如例《れいのごとし》

とも報じている。自らの人生を演じつづけてきた芭蕉の書いたものから、〈実〉と〈虚〉を区別することは、実はむずかしいことでもある。

元禄二年の芭蕉の奥羽北陸行脚については、幸いに随行した曾良の日記(「随行日記」「曾良旅日記」「曾良日記」などと称される)が残っていて、行程など比較的詳しいことが分かるのであるが、なお、芭蕉の伝記や年譜の類を見ていくと、実際の記録である「日記」と文学的創作物である『奥の細道』の間の混同が見られるし、日記そのものを読んでいこうとする試みは、ほとんど無かったと思える。そこで、曾良の日記を中心に、伝えられるその他の資料を加えて、可能な限り、芭蕉と曾良の奥羽北陸行脚を辿っていこうと思う。

曾良日記は、天理図書館綿屋文庫蔵。縦一一・二センチ、横一六・六センチの横本。見返しに用いている二丁と白紙四丁を加えて全百丁の袋綴じ。表紙がつく。旅に出る前に書いたと思われる「延喜式神名帳抄録」「名勝備忘録」(いずれも杉浦正一郎氏による仮題)を書き、続けて元禄二年の旅日記を記し、すぐ後に元禄四年の旅日記が続く。さらにその後に、道中に記したと思われる「俳諧書留」その他がメモされている。「天理図書館善本叢書和書之部」第十巻『芭蕉紀行文集』(八木書店、一九七二年)に影印版が収められており、宮本三郎氏による詳しい「解題」が付されている。

曾良日記が世に紹介されたのは、芭蕉二百五十年祭にあたる昭和十八年(一九四三)のことだった。それより五年前にさかのぼるが、昭和十三年夏、東京日暮里近くに住む医師の山本安三郎氏(俳号・六丁子)がコレクターとして知られる「某家」を訪れ、その曝涼(虫干し)を拝見した際、たまたまこの日記に眼がとまり、公刊することを切に望み、所蔵者の快諾を得て、杉浦正一郎氏に相談、昭和十八年七月三十日付で『曾良奥の細道随行日記附元禄四年日記』と題し、小川書房という書店から翻刻出版されたとされている。虫干しの際に偶然見つけたというのは、所蔵者の名を明らかにしないでほしいという条件からの配慮で、事実は「肝臓先生」として知られる佐藤清一氏(俳号・十雨)が「某家」往診の際に曾良日記を見せてもらったのを、俳句の師匠である山本氏に告げたのだということである(尾形仂「肝臓先生と曾良『随行日記』」『続芭蕉・蕪村』花神社、一九八五年所収)。

戦後、昭和二十四年に岩波文庫『奥の細道』改版の話が出、編集部からも『随行日記』(曾良日記)を付録として載せたいと希望が出された。ところが、山本氏は、所蔵者について「伊東の人です」

とおっしゃっていただけで、それがだれかを語られぬまま昭和二十二年に亡くなってしまわれていた。校注担当の杉浦氏と編集主任の玉井乾介氏が、雲をつかむような中を、伊東に所蔵者を捜しに行く。郷土史に詳しい方を宿屋の番頭にたずねたところ、前町長の太田賢治郎氏（木下杢太郎氏の令兄）だと聞き、同氏の営んでおられた湯川の書店を訪ねると、前日に来た人が曾良の日記を持っていると言っておられたという。偶然のことから、日記の所蔵者が日立精機の前社長の斎藤浩介氏だと判明した。その時、日記と一緒にあったのが曾良本『奥の細道』であった。日記と曾良本について、斎藤氏は、「自分達があゝしたものを持つてゐても宝の持腐れだから、十分活用される方で希望者があれば譲りたい」とおっしゃったということで、杉浦氏は、天理図書館に購入を願われたが、まとまらず、家を売って自ら二点揃えてお買いになられたということだ。右の曾良日記出現の経緯については、杉浦氏の「曾良の『奥の細道随行日記』をめぐりて」（『連歌俳諧研究』創刊号、一九五一年十一月）に拠るところが多い。

杉浦氏は、昭和三十二年二月二十三日に四十六歳で亡くなられた。曾良の日記（『奥の細道』関係部分のみ）を収める岩波文庫『おくのほそ道』の発行は、昭和三十二年二月二十五日付、亡くなられた二日後であった。特別に先に製本した一冊を九州の病院に急いで届けたが、もう目が見えないような状態の中で、撫でるようにさわっておられたと聞いている。日記と曾良本は、杉浦氏の望み通り、昭和三十四年に天理図書館に収められた。

曾良は、信濃国上諏訪に高野七兵衛の長男として、慶安二年（一六四九）に生まれたが、母の実家河西《かさい》家に引き取られて成長、父の妹の嫁ぎ先である岩波家の養子となった。宝永七年(一七一〇)五月二十二日に壱岐国勝本で歿したが、歿後、日記や「曾良本」は、保管していた同門の杉風《さんぷう》から曾良の遺族(たぶん河西家)に返却された。河西家は、銭屋という富豪で、曾良の甥の周徳《しゅうとく》は、伝えられた芭蕉や曾良の真蹟を写し、正副二本を所持するようにしていた。

曾良日記の存在については、江戸時代からすでに知られていた。文化年間ごろから、いくつかの俳書にその名が見え、内容の一部を紹介したものもあるが、たぶん一部の抄録が転写されて伝えられていたのであろう。どこまで正確な話であるかは分からないが、河西家が借財に困っていたとき、周徳の子の与惣右衛門が高島藩士久保島権平(俳号・若人《じゃくじん》。士朗《しろう》門。嘉永四年歿)に売ったという。文政年間(一八一八—三〇)に若人が持っていたことは明らかだが(臼人《わつじん》『蕉門諸生全伝』)、その後、松平志摩守(俳号・四山《しざん》)の手に移った。明治に入って、日清戦争の前頃、大阪の実業家で骨董品の周旋などもしていた桑原深造氏から斎藤浩介氏の先代幾太氏が入手されたと、杉浦氏は聞かれたという。佐藤清一氏が見せてもらったのは、この幾太氏からである。

一　以下の記述の中で、曾良日記の本文に拠ることは、わざわざ出典として記さなかった。
一　曾良日記は、日記本文のほかに「延喜式神名帳抄録」「名勝備忘録」「俳諧書留」(いずれも仮題)から成っているが、本書では日記本文の三月二十七日から九月十日までの部分を該当する各項の冒頭に挿入した。その場合、割書き・横書き・書き込みなども一行の中に収めるようにした。
一　曾良日記の中には差別語が見られるが、歴史的資料なので、あえて削除することをしなかった。
一　引用した『奥の細道』の本文は、特に記すもの以外西村本(西村久雄氏蔵)に拠った。
一　巻末の参考文献に記した著作に拠るもので繰り返し用いるもの(＊印)は、書名を記さずに著者名を記した。
一　原文を引用する場合、表記は原文を尊重し、振り仮名を補って読みやすく配慮した。なお、片仮名の振り仮名は原文にあるものである。

奥の細道行脚　目次

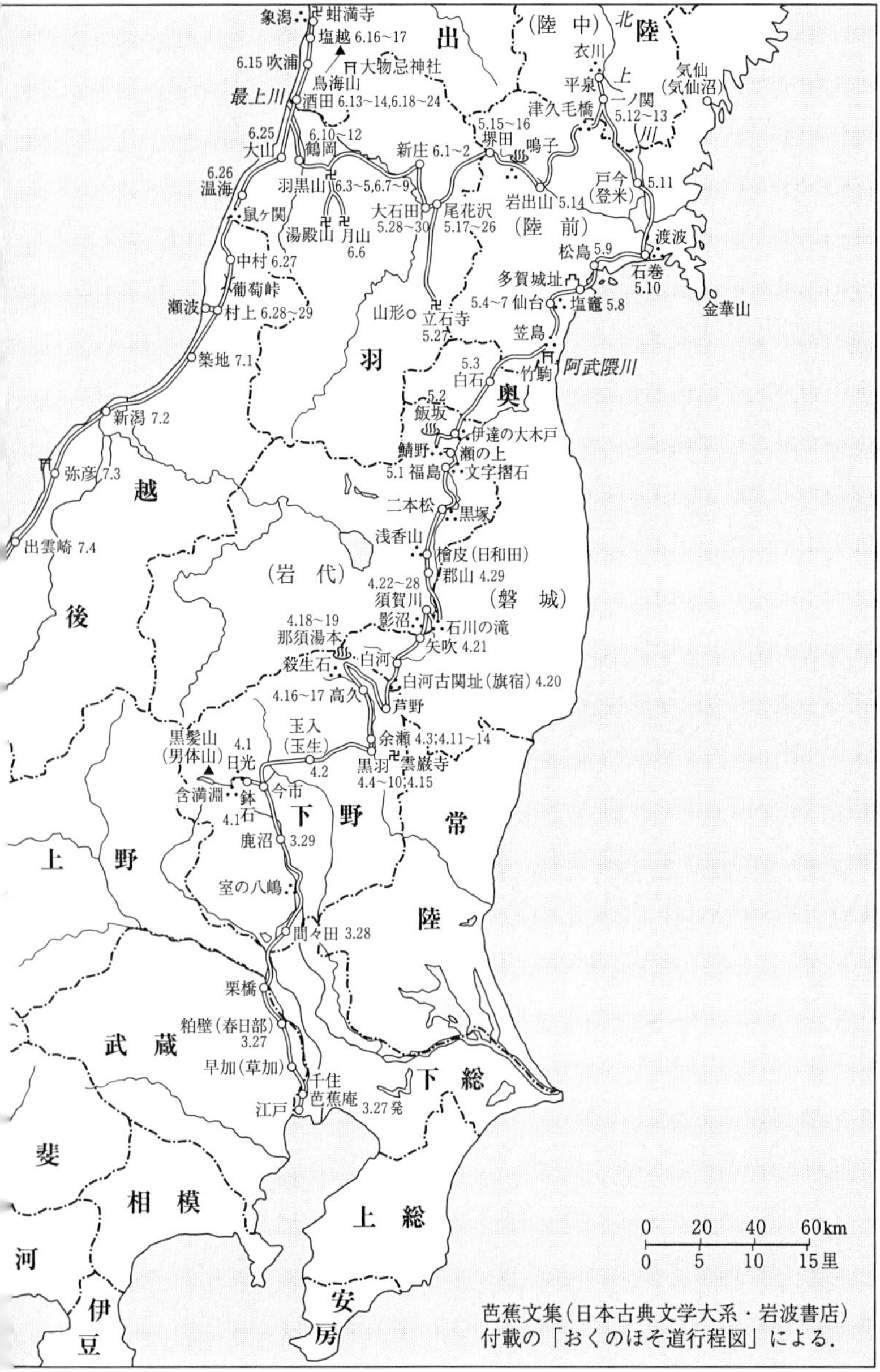

芭蕉文集(日本古典文学大系・岩波書店)付載の「おくのほそ道行程図」による.

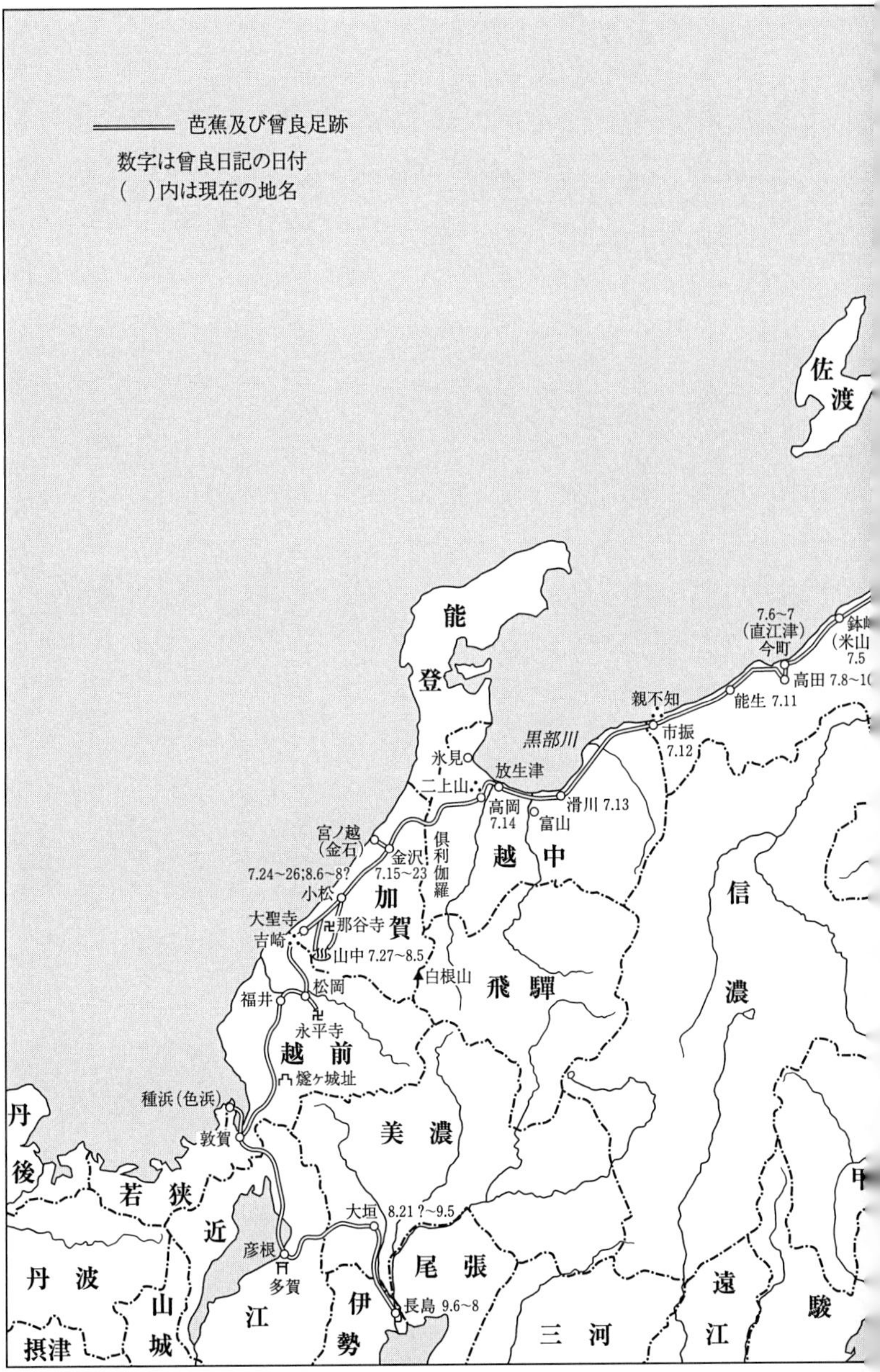

芭蕉及び曾良足跡
数字は曾良日記の日付
(　)内は現在の地名
佐渡
能登
7.6~7
(直江津)
今町
高田
能生 7.11
親不知
市振
7.12
黒部川
氷見
放生津
二上山
高岡
7.14
滑川 7.13
富山
越中
宮ノ越
(金石)
金沢
7.15~23
7.24~26;8.6~8?
倶利伽羅
小松
加賀
大聖寺
吉崎
那谷寺
山中 7.27~8.5
白根山
飛驒
信濃
福井
松岡
永平寺
越前
燧ヶ城址
種浜(色浜)
丹後
敦賀
美濃
若狭
近江
大垣 8.21?~9.5
彦根
多賀
尾張
丹波
山城
伊勢
長島 9.6~8
摂津
三河
遠江
駿

一　白川の関越えんと――深川から白河関

1　出立まで

一ヵ月後に元禄と改元されることになる貞享五年（一六八八）八月下旬、足掛け二年にわたる上方行脚を終えて深川の庵に帰着した芭蕉だったが、長旅の疲れもまだ癒えない元禄二年の歳旦吟で、

　元日は田ごとの日こそ恋しけれ

と、前年の秋、帰路に立ち寄った信州のことに思いを馳せ、またまた旅心に取り憑かれてしまっている様子だった。すなわち『奥の細道』に「春立《たて》る霞の空に、白川の関こえんと、そゞろ神《がみ》の物につきて心をくるはせ、道祖神のまねきにあひて取《とる》もの手につかず」と記すごとくである。「白川の関こえん」とは、もちろん奥州路に赴きたいという意味である。

元禄二年は西行の五百年忌にあたり、この年にこそ芭蕉が敬慕する先達ゆかりの奥州に杖を曳きたいものだと思い立ったということは十分に考えられる。折から仙台伊達藩では官民あげての観光政策で歌枕の再設定や整備も行なわれていたらしい（板坂元・白石悌三『おくのほそ道』講談社文庫、一

九七五年)。そのことは芭蕉の耳にも入っていたことだろう。

芭蕉が奥州の地への憧れを口に出すようになったのは、元禄二年よりも数年は先立つ頃だった。貞享三年頃に批点を加えた尾張国熱田の東藤《とうとう》・桐葉《とうよう》両吟点取《てんとり》歌仙は、

誓ひして松島の花見にゆかん
　春をうそぶく深川の隠

で巻き揚げられている。「深川の隠」は、言うまでもなく芭蕉を指し、既にこの頃、芭蕉の奥州への思慕は、蕉門俳人の間ではよく知られていたことだったと考えられる。

元禄二年正月十七日付で芭蕉は兄の半左衛門宛に手紙を認め、奥羽行脚の予定を洩らしていた。さらにその数日後か、伊賀の猿雖《えんすい》に宛てても相当詳しく旅の予定を報じ、二月十五日には桐葉に宛てても予定を記している。それらに拠ると、三月の節句過ぎに出立、白河関で桜を見、ついで塩竈桜、松島の朧月、そして五月ごろから「北国」を巡り(三越路にかかるということか)、秋の初めから冬までには美濃・尾張に出るつもりだと言い、故郷の兄へは美濃の関からでもそちらへ赴きたいと述べている。重ねて、二月十六日付の書簡では、松島の月の朧なる間、塩竈の桜の散らないうちにと出立の準備を急いでいるとも記している。深川出立から大垣到着まで五ヵ月弱を要しているが、もしも途中何度かの滞在期間がなかったら、その半分の期間で旅は終えていただろう。途中の滞在も、そしてそこを拠点として脚を伸ばした小旅行も、多くはあらかじめの計画の中にあったと思わ

れる。ひいては、行く先の多くには、かねての予定が通報されていたとも想像されるのである。決して、『奥の細道』に記されるような、足の向くまま気の向くままの漂泊の旅ではなかった。

二月の末、芭蕉庵を平右衛門という人に譲り、深川にあった杉風《さんぷう》の別宅に移って出立の準備をしていたが、今年は余寒が厳しいと白河から手紙で知らされ、出発を延期することになった。『奥の細道』に「杉風が別墅《べっしょ》」と記される杉風の別宅(採荼庵《さいとあん》)は、「深川六間堀西側」(杉山家資産目録)とするのが適当だと久富哲雄氏は述べている(『奥の細道の旅ハンドブック』)。出立が延びたのは、「多病心もとなし」と杉風が引き留めたのだという。三月二十三日付で岐阜の落梧《らくご》に宛てて書簡を認め、「此《この》廿六日、江上を立出《たちいで》候」と出立の予定を報じ、そこに古巣の旧庵を見て詠んだ句、

草の戸も住《すみ》かはる世や雛の家

を記して「はるけきたび寝の空を想ふにも、心に障《さはら》んものいかゞと、先《まづ》衣更着《きさらぎ》末、草庵を人に譲」ったのだと告げやった(この句は、「代ぞ」と改めて後年『奥の細道』に用いる)。この日、同じく岐阜の李晨《りしん》に宛てても、出立のことは「落梧へ具申《つぶさにまうし》進じ候」と報じている。

たぶん三月初旬、露沾《ろせん》は餞別の発句を贈り、芭蕉が挨拶の脇を付けている。

月花を両《りやう》の袂の色香哉　露沾
蛙《かはづ》のからに身を入《いる》る声　翁(『いつを昔』)

「松嶋行脚の餞別」と前書があって、やはり、一番の目的地が松島であったかと察せられるのである。『奥の細道』にも、「松島の月先《ま》心《づ》にかゝりて」と記している。

旅への同伴者として当初は路通《ろつう》が予定されていたが、二月以降に曾良に変更されたという。路通は芭蕉より五歳下。若い頃に僧形となり乞食生活を続けていた。貞享二年(一六八五)に膳所《ぜぜ》の松本で芭蕉に会い入門、同五年に東下して芭蕉庵の近くで芭蕉の帰りを待っていた。路通を信用しない蕉門たちが芭蕉に対して随行者を変更するように進言したのだと考える人もあるが、蕉門の間で路通への非難が出てくるのは奥の細道行脚以降のことであるし、路通は敦賀の湊に芭蕉を出迎え、美濃の大垣まで連れだっているのであって、信用出来ない人物なのでハズされたということはちょっと考えにくい。村上で旧主の墓参を果たしたいという曾良の願いを芭蕉が容れ、路通も快く交代に応じたというのが真相ではあるまいか(一三三ページ参照)。

曾良は芭蕉庵の側に住んでいて気心も知れていたし、先に『鹿島詣』の旅にも同伴していた。几帳面であったことは、細かにつけた道中の日記からも窺えるし、篤実な人物であったようで、性格的にも信頼でき、歌学・地理学にも詳しく、適当な人選だったと言えよう。路通と同じ四十一歳だった。上野洋三氏は、日記の記述をくわしく分析して曾良が神道について深い関心を持っていたことを明らかにしている。元禄二年の蕉門の歳旦吟を芭蕉自身が書き留めた中に(『芭蕉図録』所収懐紙)、

旧年名を改《あらため》て
古き名は新敷《あたらしき》名のとしおとこ

という曾良の句も記されていて、前年、それも慣例に従えば年末に剃髪改名していたと察せられ、通称「旅立《たびだつ》暁、髪を剃《そり》て墨染にさまをかえ」たという『奥の細道』の記述が文飾と分かる。また、通称の惣五郎に因んで法名を宗悟と付けたということも、裏付ける資料はない。同行が決まると早速に曾良は、携帯用に神社と歌枕のノートを拵えたが、太平洋側では松島から北、同様に日本海側では象潟から北の記載は無く、能登についても「不可通故略之」と記してあって、この行脚の行程には曾良の意見も入っていると考えてよさそうである。曾良の道中に付けていた日記から、一行の動静が判明する。以下、曾良日記に従って書いていくことになる。

2　深川出船

> 巳《み》三月廿日、日出、深川出船。巳ノ下尅、千住《せんじゆ》ニ揚《あが》ル。
> 一　廿七日夜、カスカベニ泊ル。江戸ヨリ九里余。

曾良の日記は「巳《み》三月廿日、□(日)出、深川出船。巳ノ下尅、千住ニ揚ル」と始まる。『奥の細道』

によれば、「弥生も末の七日」に深川を出たと記されているのと食い違い、あれこれと憶測が述べられるが、これは曾良が千住に先行していたと考えてもよい。千住は奥州街道第一の宿駅で、江戸の人たちとの連絡も、ここの方が便利であった。日記の「□出」は読みにくい字だが、「同出」と読んで芭蕉と曾良が一緒に深川を出発したと考えたために理解しがたかったので、他の字と較べたら「日出」と読むにふさわしく、難問も解決したのである。

三月二十三日付の手紙で芭蕉は二十六日出立予定を報じている。これも一日ずれたと考えるより、当時の感覚では夜明けから日が始まるのであるから、夜明け前の出立とすれば、これでよいことになる。四月二十六日に須賀川から杉風に出した手紙に「先月のけふは貴様御出候」と記していることから考えても、二十六日に深川の杉風の別宅に杉風らがやってきて(杉風の本宅は日本橋にあった)、夜明け前に舟で出発したと考えられる。たぶん小名木《おなぎ》川岸で乗船、隅田川を遡り、千住で陸に上がったのである。

かつて日本歴史研究者の瀧善成氏は「江戸の北方玄関千住宿の文化」(『日本歴史』一九七八年四月号)で、「江戸四宿の第二」である千住宿の持つ、本来的な旅宿、二次的な陸運・水運による物資の集散市場化、「遊び場所」(岡場所化)の三点を指摘し、「人間芭蕉」がここで「廿日」から出立までの七日間の日次を「俳諧の興行や遊び」に費やしたことの可能性を示唆された。その後に出現した芭蕉書簡などから、現在では二十七日に深川を船出したことは事実として動かしようがなくなったが、たぶん曾良は、ここで芭蕉を待っていたことだろう。江戸からはむしろこちらの方が連絡しやすい所に位置しているわけだし、諸方への連絡や準備などに曾良の七日間は用いられたと想像される。

『奥の細道』に、

弥生《やよひ》も末の七日、明ぼのゝ空朧々として、月は在明《ありあけ》にて光おさまれる物から、不二の峯幽《かすか》にみえて、上野・谷中《やなか》の花の梢又いつかはと心ぼそし。むつましきかぎりは宵よりつどひて、舟に乗《のり》て送る。千じゆと云《いふ》所にて船をあがれば、前途《せんど》三千里のおもひ胸にふさがりて、幻のちまたに離別の泪をそゝぐ。

と記されるのは、ほぼ事実どおりだったと考えられる。因みに、「むつましきかぎり」は親シイ人ハ皆という意味でなく、親シイ人ダケハの意味である。当時の江戸俳壇の情勢を見ても、前回の『笈の小文』の旅の出立の時のごとき豪勢な見送りは期待できなかったようだ。ともあれ、元禄二年三月二十七日の明け方、芭蕉は深川を出発した。時に数え年四十六歳だった。

行《ゆく》春や鳥啼《なき》魚の目は泪

の句は、「奥州餞」の前書で中七・下五を「鳥は啼魚は目になみだ」とする「知足筆紙片」の所伝があるが、『奥の細道』執筆時に案じられたものであろう。「惜別」の思いを「惜春」の情で表現したものである。

若鮎に白魚つるゝ別《わかれ》かな（「知足筆紙片」）

あるいは、

鮎の子の白魚送る別哉（『伊達衣』）

が留別吟である。なお、黒羽《くろばね》で画賛句に用いた「鮎の子の何を行衛《ゆくへ》にのぼり船」は、この留別吟の別案としてよいかもしれない。

船を上がって、川と直角に右手に続く道をとる。ところで、芭蕉たちの上陸したのが現在の荒川区側（南千住）か足立区側（北千住）かを巡って両区で「争い」があったと聞いた。江戸時代の旅人は南側（江戸側）に船を着けて大橋（後の千住大橋）を渡って旅に出るのが普通だったというのが荒川区側の言い分で、それに対し、足立区側の言い分は、昔の船着き場はこちら側にあり、日光に向かうのにも近くて自然だというのである。いずれが正しいか私には判断がつかないが、ともあれ、荒川区側の素盞雄《すさのお》神社には文政三年（一八二〇）十月十二日建立の芭蕉碑が残されている。鵬斎《ほうさい》筆による『奥の細道』本文、巣兆《そうちょう》筆による芭蕉像が刻されているが、まさしく千住宿の「文化的黄金期」（瀧氏）を伝えるものであった。碑面が傷んでいるのは、戦災に遭ったためらしく、戦前に摺られた拓本は綺麗な碑面を伝えている。近年、新しく副碑が建てられた。なお、足立区側には昭和四十九年十月十二日に「矢立初の碑」が建立されている（千住大橋公園）。

もし芭蕉たちが荒川区側に上がっていたら、大橋を渡って日光に向かったことになる。大橋は隅田川に最初に架けられた橋で、江戸から日光や奥州に向かう者は、必ずこの橋を渡ったはずだ。長さ六十六間、幅四間（つまり約一二〇×七メートル）の木橋だったという。

出立初日については「廿七日夜、カスカベニ泊ル。江戸ヨリ九里余」とのみ日記に書いている。近い所なので、わざわざ記すほどのことも感じなかったのか。カスカベは今の埼玉県春日部市。『奥の細道』には「其日《その》、漸《やうやう》早加と云宿《いふしゆく》にたどり着《つき》にけり」とされるが、これはその前に「行《ゆく》道なをすゝまず」と記したことを受けた文学的作意であって、日記には草加のことは出てこない。

『奥の細道』には、

痩骨の肩にかゝれる物、先《まづ》くるしむ。只《ただ》身すがらにと出立侍《いでたちはべる》を、帋子《かみこ》一衣は夜の防ぎ、ゆかた・雨具・墨・筆のたぐひ、あるはさりがたき餞《はなむけ》などしたるは、さすがに打捨《うちすて》がたくて、路頭の煩《わづらひ》となれるこそわりなけれ。

と続けている。念のために記すが、右の「路頭」を「路次」と読むのは誤りである。自筆本（野坡本）・曾良本のいずれもはっきり「路頭」と書いてあり、西村本はくずしてあるが「路」の下の字の旁《つくり》が「頁」のくずしであることは、

今も残る草加の松並木

直後の「煩」その他の旁「頁」のくずしを見ても明らかである。さて『笈の小文』にも、同様に、

旅の具多きは道ざはりなりと物皆払捨《はらひすて》たれども、夜の料にと、かみこ壱つ、合羽やうの物、硯・筆・かみ・薬等《など》、昼笥《ひるげ》なんど物に包て後に背負たれば、いとゞすねよはく、力なき身の跡ざまにひかふるやうにて、道猶すゝまず。たゞ物うき事のみ多し。

と記していた。『笈の小文』に用いた一節を『奥の細道』に活かしたものであろうが、旅に携帯したのは、こんなところであったろう。なお、「はじめに」に記した二月十六日付の惣七・宗無宛書簡には、いつもの旅の時のように、檜笠と茶の羽織、それに乞食行脚の道具として鉢と杖、雨具に筆記用具と短冊を「道の具」として記している。短冊は道中で金がなくなったときに、金に代えるためだと記しているが、実際はもてなしを受けた折の謝礼に使ったのだろう。

『奥の細道』は千住を出立した所から架空の世界に入っていく。元禄二年三月二十七日はグレゴリオ暦で一六八九年五月十六日(月曜日)、この年の立夏は十日前の三月十七日だった。

『和漢三才図会』から途中の宿駅と里数を記しておくと、江戸(↓二里)千寿(↓二里八町)草加(↓一里二十八町)越谷(↓二里三十町)幽谷(↓一里半)。「千寿」は千住、「幽谷」は粕壁・春日部と同じ。念のために言えば、三十六町を一里、約三・九三キロメートルに統一されるのは明治に入ってからのことで、それまでは時代や地方によって様々であった。

3　日光まで

『奥の細道』では、草加泊に続けて室《むろ》の八嶋《やしま》参拝、そしてすぐに日光山に続いている。「卅日《みそか》、日光山の麓に泊」って「仏五左衛門《ほとけござゑもん》」の親切を受け、翌日、日光に詣でたことにしている。

卯月朔日《うづきついたち》、御山《おやま》に詣拝《けいはい》す。往昔《そのかみ》、此《この》御山を「二荒山《ふたらさん》」と書《かき》しを、空海大師開基の時、「日光」と改《あらため》給ふ。千歳未来をさとり給ふにや、今此《この》御光一天にかゝやきて、恩沢八荒《おんたくはつくわう》にあふれ、四民安堵《あんど》の栖穏《すみかおだやか》なり。猶《なほ》、憚《はばかり》多くて筆をさし置ぬ。

あらたうと青葉若葉の日の光

日光までを日記でみると次のようになる。

一　廿八日、マヽダニ泊ル。カスカベヨリ九里。前夜ヨリ雨降ル。辰上《たつの》剋止《やむ》ニ依テ宿出《いづ》。間モナク降ル。午《うま》ノ下剋止。此日栗橋ノ関所通ル。手形モ断《ことわり》モ不入《いらず》。
一　廿九日、辰ノ上剋マヽダヲ出。
一　小山《おやま》(山)へ一リ半、小山ノヤシキ、右ノ方ニ有《あり》。
一　小田ヨリ飯塚へ一リ半。木沢ト云所ヨリ左へ切ル。

一　此間姿川越ル。飯塚ヨリ壬生《みぶ》へ一リ半。飯塚ノ宿ハヅレヨリ左へキレ、(小クラ川)川原ヲ通リ、川ヲ越《こえ》、ソウシヤガシト云船ツキノ上へカヽリ、室ノ八嶋へ行《ゆく》(乾ノ方五町バカリ)。スグニ壬生へ出ル(毛武ト云村アリ)。此間三リトイヘドモ、弐里余。

一　壬生ヨリ楡木《にれき》へ二リ。ミブヨリ半道バカリ行テ、吉次《きちじ》ガ塚、右ノ方廿間バカリ畠中ニ有。

一　ニれ木ヨリ鹿沼《かぬま》へ一リ半。

一　昼過ヨリ曇。同晩、鹿沼(より火(文)バサミへ弐リ八丁)ニ泊ル。(火バサミヨリ板橋へ廿八丁、板橋より今市へ弐リ、今市ヨリ鉢石へ弐リ)

二十八日、前夜から降っていた雨が「辰上尅《たつのじょうこく》(刻)」に止んだので、宿を発った。当時の時刻は不定時法だったので、現在の時刻に換算するのは難儀である。昼夜の同じ春分・秋分の頃を規準に考えるなら、例えば、辰は十二支の五番目なので一を引いて四、それを二倍すると八になるので午前八時ごろと大体考えておくといいだろう(一を引くのは、最初の子の刻が午前〇時に当たるから、二倍するのは一日を十二刻に分けるから)。春分を過ぎるに従って昼が長くなるので、同じ正辰刻であっても八時より早くなっていく。この日の「辰上尅」は七時ごろになるだろうか。旅中、宿を発つのは「辰上尅」が多い。これが当時の通常の生活だったのだろう。夜明けが正卯刻なので、夜明けから一刻(二時間)ほど後となる。

宿を発ったところで、また雨が降り出し、午の下刻(午後一時半ごろ)に止む。粕壁→杉戸→幸手の各宿場を経て栗橋の関所にかかった。栗橋の関所は、今の北葛飾郡栗橋町にあって、利根川の手前に設けられた江戸幕府の関所の中でも重要なものの一つ。「入り鉄砲、出女」を警戒した。僧体の男連れの芭蕉・曾良の両人は「手形モ断《ことわり》モ不入《いらず》」に無事に越えて、中田→古河→野木を経て、間々田《まだ》に宿泊した。今の栃木県小山市間々田町。利根川は渡し舟で渡る。曾良日記には「マ、ダニ泊ル。カスカベヨリ九里」と記すが、この九里も、当時の一日の行程としては普通の距離だったとみてよい。

室の八嶋　この池が室の八嶋の跡だとの言い伝えがある

　二十九日も「辰ノ上尅」に宿を発つ。小山《おやま》の右側に「小山ノヤシキ」が有ると記す。南北朝期、鎌倉幕府に反抗した小山一族の居城の跡だろう。正しくは「左」側に当たるという(穎原退蔵・尾形仂『新版おくのほそ道』角川ソフィア文庫、二〇〇三年)。日光街道は小山から新田に通じるが、芭蕉たちは飯塚に向かって例幣使《れいへいし》街道を通る道をとった。例幣使街道、例幣使道、お成り道ともいう。

毎年家康の忌日に朝廷から派遣された奉幣使が通った道で、中山道の倉賀野から玉村に入り、壬生通を通って今市に至る街道。芭蕉が、この道を選んだのは室《むろ》の八嶋《やしま》に寄るためだったと考えられる。

飯塚の宿はずれから左へ切れて小倉川を越えて惣社河岸《そうじやがし》という船着き場の上にかかり室の八嶋に行ったと記す。曾良が予め拵えて携帯していた「名勝備忘録」の真っ先に、この「室八嶋」が二首の古歌と共に録されている。一行の最初に訪れた歌枕(名所《などころ》)であった。今の栃木市惣社町の大神神《おおみわ》社。『奥の細道』には「煙を読み習し侍《はべる》もこの謂也《いはれ》」と曾良が語ったと記されるが、芭蕉もここで、

室八嶋
糸《いと》遊《ゆふ》に結《むすび》つきたる煙哉

の句を詠んでいる。但し、この句は『奥の細道』に採用していない。

すぐに壬生に出て、楡木《にれき》(現・鹿沼市)に向かう途中の右の畑の中に金売吉次の墓というのがあった。楡木を経て鹿沼に泊まる。この日は昼過ぎから曇天になった。一日の行程を日記から合計すると、八里。

曾良の「俳諧書留」には次の句が作者名を記さずに録されている。

入《いり》かゝる日も程々に春のくれ
鐘つかぬ里は何をか春の暮
入逢の鐘もきこえず春の暮

最初の句は、下が「糸遊の名残哉」とあったのを改めたもの。日光までの途中に芭蕉が案じたが句型が定まらず、日光を発ってから曾良に語って録されたものかと思われる。

4　日光

一　四月朔日《ついたち》　前夜ヨリ小雨降。辰上尅《たつの》、宿ヲ出《いづ》。止《やみ》テハ折々小雨ス。終曇《くもり》。午《うま》ノ尅、日光へ着。雨止。清水寺ノ書、養源院へ届、大楽院へ使僧ヲ被添《そへらる》。折節《をりふし》大楽院客有之《これあり》、未《ひつじ》ノ下尅迄待テ御宮拝見。終テ其夜日光上鉢石町五左衛門ト云者ノ方ニ宿。壱〆《くわん》弐四。

四月一日、前夜から雨の降る中を、「辰上《たつの》尅」に宿を出る。火挟《ひばさみ》まで二里八町、そこから板橋まで二十八町、板橋から今市へ二里、今市から鉢石までの二里の道を、小雨の降ったり止んだりする中を急いで「午《うま》ノ尅」(正午ごろ)に日光に着いた。日光に着いた時には幸いに雨が止んだが、その日は終日、曇天だった。

日光に着いた芭蕉と曾良は、早速に養源院を訪ねる。江戸浅草の天台宗宝聚院清水寺から預かってきた手紙を届けるためであった。内容は不明だが、紹介状のようなものであったかもしれない。養源院からは使いの僧を付けて、一緒に大楽院まで案内してもらう。大楽院は「東照宮御別当寺《とうせうぐうおんべつとうでら》な

男体山　歌枕の黒髪山

り。毎日《まいにち》此所より、神供《しんく》を備《そな》へらるゝなり」と『日光山名跡誌』(享保十三年)に記されている。大楽院には客があったので、未の下刻(午後三時ごろ)まで待って、東照宮を拝観、その夜、上鉢石《かみはついし》町の五左衛門という者の宿屋に泊まった。上鉢石町は、既に『日光山志』(天保八年)に「此所は、両側に当所名産指物、塗もの、曲物、膳、椀、食籠、其余諸品を商ふ店々軒を連ねてすめり」とあるように、門前町の賑わいをみせていたことだろうが、『奥の細道』には、一切触れない。

　ところで、『奥の細道』には、「卅日」に「日光山の麓」の「仏五左衛門」の所に泊まったと記されていた。元禄二年の三月は小の月で二十九日までしかなかったのに、わざわざ架空の三十日を想定して、日光参詣の前日に到着したように記したのは何故だろうか。いろいろ憶測はされているが、ここは、初日に粕壁まで行ったのに、『奥の細道』では草加泊まりとしたことによるだろう。すなわち、『奥の細道』の行程は実際よりも半日遅れることになったからである。しかしながら、『奥の細道』に「卯月朔日《うづきついたち》、御山《おやま》に詣拝《けいはい》す」とあるとおり、日光参詣を四月一日のこととしなければならない事情があった。それは、文中に紹介する曾良句(『奥の細道』

執筆中に芭蕉が曾良の句として作ったものだが)、

剃《そり》捨《すて》て黒髪山に衣《ころも》更《がへ》

が「衣更」から四月一日のこととなるからである。剃髪したばかりの曾良という人物を紹介するために、この句はどうしても必要なものであった。なお、『奥の細道』には、通称の「惣五郎」を改めて「宗悟」という法名をつけたとするが、書簡などには「宗五」と見える。

芭蕉は日光で、

あなたふと木《こ》の下《した》暗《やみ》も日の光

と詠んでいる(「俳諧書留」)。真蹟には「日光に詣」と前書して、上五を「あらたふと」とするので、このことから、「あな」の形は曾良の誤記だろうという考えもあったが、芭蕉自身が迷っていたのだと見る方がよい。『奥の細道』でも、自筆本には「あな」とあり、曾良本はそれを正確に写すが、芭蕉自身が朱でもって「な」を「ら」に改め、以下に引き継がれていく。もっとも、『奥の細道』の中の句は、

あらたうと青葉若葉の日の光

という形になっているが、これは、道中の句の「木の下暗」に込めた意味を、文中の「今此《この》御光一

天にかゝやきて、恩沢八荒《おんたくはつくわう》にあふれ、四民安堵《あんど》の栖《すみか》穏《おだやか》なり」に移したためであろう。「日の光」は地名「日光」を詠み込んだものであること、言うまでもない。

5　黒羽へ

一　同二日　天気快晴。辰《たつ》ノ中尅、宿ヲ出。ウラ見ノ滝(一リ程西北)・ガンマンガ(ママ)淵見巡《みめぐり》、漸ク及午《うまにおよび》、鉢石ヲ立、奈須太田原ヘ趣《おもむく》。常ニハ今市ヘ戻リテ大渡リト云《いふ》所ヘカヽルト云ドモ、五左衛門、案内ヲ教ヘ、日光ヨリ廿丁程下リ、左ヘ(ママ)ノ方ヘ切レ、川ヲ越、せノ尾・川室ト云村ヘカヽリ、大渡リト云馬次ニ至ル。三リニ少シ遠シ。

○今市ヨリ大渡ヘ弐リ余。

○大渡より船入《ふにう》ヘ壱リ半ト云ドモ壱里程有。絹川ヲカリ橋有。大形《おほかた》ハ船渡し。

○船入より玉入《たまにう》ヘ弐リ。未ノ上尅ヨリ雷雨甚強《はなはだつよく》、漸ク玉入ヘ着。

一　同晩　玉入泊。宿悪故《あしきゆゑ》、無理ニ名主ノ家入テ宿カル。

一　同三日　快晴。辰上尅、玉入ヲ立。鷹内ヘ二リ八丁。鷹内よりヤイタヘ壱リニ近シ。ヤイタヨリ沢村ヘ壱リ。沢村ヨリ太田原ヘ二リ八丁。太田原ヨリ黒羽根ヘ三リト云ドモ二リ余也。翠桃《すゐたう》宅、ヨゼト云所也トテ、弐十丁程アトヘモドル也。

二日は快晴だった。辰の中刻(六時半ごろ)に宿を出て、「廿余丁山を登つて滝有。岩洞の頂より飛流して百尺、千岩の碧潭《へきたん》に落《おち》たり。岩窟に身をひそめ入《いり》て、滝の裏よりみれば、うらみの滝と申伝え侍《はべ》る也」と『奥の細道』にしるされる裏見の滝に行く。日記には「一リ程西北」と記す。滝の下に入って裏側から眺めることが出来るのでこの名がついた。明治三十五年九月の大風水害で上部が崩れ、以前ほどの景観は無くなったようだが、今も滝の左側から落ち口の真裏に入って落ちてくる水を見ることは出来る。滝までのアプローチの道は、もちろん今のものとは違っているだろうが、明治十四年版の摺物には、麓の茶店から右の方に山道を登っていく道と、左の方へ下り川を渡ってから登って行く道とが描かれている。芭蕉の三回忌に桃隣《とうりん》が奥の細道の跡を巡ったが、その記念の集『陸奥衛《むつちどり》』(元禄十年)には、日光四十八滝の中の第一だと言われていて「十丈余碧潭《へきたん》に落《おつ》。幅は二丈に過たり。窟に攀入《よぢいり》て、滝のうらを見る。仍《よつて》、うらみの滝とはいへり。水の音左右に樹神《こだま》して、気色猶凄し」と描写する。なお、先年に出た奥の細道シリーズの郵便切手には華厳の滝が描かれていたが、芭蕉たちは赴いていない。桃隣も、また、正徳六年(一七一六)四月十六日には、後に触れる祇空《ぎくう》と潭北《たんぼく》の二人も、華厳の滝にまでわざわざ赴いているが、当時は簡単に行ける所ではなかったはずだ。

暫時《しばらく》は滝に籠るや夏《げ》の初《はじめ》

は、『奥の細道』執筆に際して作った句で、旅中の句は、

図1　「裏見が滝」『日光山志』(大阪府立中之島図書館蔵)

日光うら見の滝

ほとゝぎすへだつか滝の裏表　翁

うら見せて涼しき滝の心哉　曾良

続いて、山道を下り、含満淵《がんまんがふち》まで足を伸ばし、昼になって大田原に向けて鉢石《はついし》を出立した。

普通は、いったん今市《いまいち》まで戻り、大渡《おおわたり》へ出るのだが、五左衛門に教えてもらった近道を通ることにして、日光から二十町ほど下り、左に切れて川を越え、瀬尾《せのお》・川室という村を通り、大渡に出た。この間三里強だったといい、今市経由より一里ほど短い。このことが『奥の細道』の「是より野越《のごえ》にかゝりて、直道《すぐみち》をゆかんとす」という記述に反映しているが、ここからは街道で、『奥の細道』に記すように野の中を二日間歩いたわけではない。大渡(現・日光市内)から舟生《ふにゅう》(現・塩谷郡塩谷町)に行く途中に絹川(鬼怒川)があるが、仮橋が架かっていた(大抵は舟で渡ると記す)。舟生まで一里ほど。

そこから玉生《たまにゅう》まで二里。この辺は日光連山の地形のために雷の発生しやすい所で、未の上刻(午後一時前後)から雷雨が激しくなって、ようようのことで、玉生に入ったが、「宿悪」く名主の家に頼み込んで泊まる。後年の素兄《そけい》著『おくの雪道』に「下野国塩谷郡玉生の駅長玉生氏の家は、芭蕉一夜宿らせ給ふと伝にあり」と記され、この名主の名は玉生七郎右衛門と言ったという(井本農一『奥の細道新解』)が、真偽のほどは分からない。「宿悪」とは宿が汚かったというのではなく、紹介状がなかったので、泊めてもらうことが出来なかったのであろう。見ず知らずの者を泊めることを禁じるフレが出ていたのかも知れない。こういう場合、名主の家が旅人を泊めるようになっていたとも考えられる。

裏見の滝

三日の朝も快晴で、「辰上尅」に玉生を立つ。鷹内→矢板→沢村→大田原と進む。この間は、日記の記載を計算すると、六里半弱。さらに大田原から黒羽《くろばね》まで二里余の道を歩いたが、目的の翠桃《すいとう》の家は手前の余瀬《よぜ》だということで、二十町ほど戻る。『奥の細道』には、かさねという名の女の子が「馬の跡したひて」走ってきたと記すが、日記の記載には見えない。ここことは限らないが、「賀重《かさねをがす》」と名付ける俳文によると、奥州行脚の途次にかさねという女児に出逢って名前にひかれたことは事実で、後に名付け親を頼まれたときに、この名を付けている。もちろん、曾良が詠んだとして記す、

かさねとは八重撫子の名成《なる》べし

は、『奥の細道』執筆中に芭蕉が案じたもの。「草苅おのこ」から馬を借りたことは、斉の管仲が大雪で道に迷ったとき「老馬ノ智用フ可シ」と言って馬を放ち道を得たという中国の「管仲随馬」の故事による創作。わが国でも『奥義抄』などによってよく知られていた。

当時、黒羽の藩主は大関信濃守増恒。元禄元年十二月十三日に領主の大関増栄《ますなが》が亡くなったが、嫡子の増茂が既に歿していたため、嫡孫増恒が後を嗣いでいた。しかし、まだ四歳であったために江戸屋敷に居て、国家老の浄法寺図書《ずしよ》高勝が藩政をとりしきっていた。高勝は鹿子畑《かのこばた》高明の長男だったが、母の出の浄法寺家の養子となって後を嗣いだ。高明は寛文七年(一六六七)に事情があって藩を追放されており、そのためであろう。鹿子畑家は、高勝の弟の豊明の代になって帰参がかなったが、鹿子畑の姓をはばかって豊明も、岡姓を称していた。図書高勝は俳号を秋鴉《しゆうあ》(芭蕉と会った機会に桃雪《とうせつ》の号を得たか)、豊明は俳号を翠桃《すいとう》という。

さて、『奥の細道』によれば、「知人《しるひと》」とあるのが「黒羽の舘代浄坊寺何がし」つまり浄法寺高勝のようだが、実際は「其《その》弟桃翠」つまり翠桃のこと。翠桃は、嵐雪《らんせつ》の歳旦集『若水』(貞享五年)に発

句とともに歌仙三巻にも出座していて、以前から出府する機会があったのだろう。翠桃という俳号も、「桃」の字から芭蕉の命名であった可能性が高い。

芭蕉は江戸から大垣までの細道行脚に五ヵ月をかけているが、もし休まずに歩き続けたら、その半分くらいの日時で大垣に到着していたはずである。つまり、半分は、途中の滞在に要した期間なのであった。この黒羽は、その最初の滞在地で、十六日出立までのあしかけ十四日をここで過ごす。『奥の細道』には、「思ひかけぬあるじの悦び」と、予告無しにやってきたように記すが、これは漂泊の旅のスタイルを示すためのもので、実際は、事前に連絡を取っていたと思ってよい。以下に滞在する各地においても同様だった。

6　黒羽滞在

一　四日　浄法寺図書へ被招《まねかる》。
一　五日　雲岩寺見物。朝曇。両日共ニ天気吉《よし》。
一　六日ヨリ九日迄、雨不止《やまず》。九日、光明寺へ被招。昼ヨリ夜五ツ過迄ニシテ帰ル。
一　十日　雨止。日久《ひさしく》シテ照。
一　十一日　小雨降ル。余瀬翠桃へ帰ル。晩方強雨《がうう》ス。

一　十二日　雨止。図書被見廻《づしょみまはられ》、篠原被誘引《へいういんせらる》。
一　十三日　天気吉。津久井氏被見廻而《て》、八幡へ参詣被誘引。
一　十四日　雨降り、図書被見廻終日。重之内持参。
一　十五日　雨止。昼過、翁と鹿助右同道ニテ図書へ被参《まゐらる》。是ハ昨日約束之故《ゆゑ》也。予ハ
少々持病気故不参。

黒羽滞在中の宿と天気と主な出来事を曾良日記からまとめてみよう。『奥の細道』では、「親属の方」(光明寺にあたる)・篠原逍遥・金丸八幡・光明寺・雲岸寺(雲巌寺・雲岩寺)の順に記され、較べてみると簡潔に表現しようとしていることが分かる。

四　日　晴。浄法寺高勝に招かれて、翠桃宅から浄法寺宅に移る。
五　日　晴。雲岩寺見物。浄法寺宅泊。
六　日　雨。浄法寺宅泊。
七　日　雨。浄法寺宅泊。
八　日　雨。浄法寺宅泊。
九　日　雨。光明寺に招かれる。浄法寺宅泊。
十　日　日が照る。浄法寺宅泊。
十一日　小雨、夜に強く降る。余瀬の翠桃宅に帰る。

十二日　雨やむ。高勝が来て、一緒に那須の篠原見物。翠桃宅泊。
十三日　晴。津久井氏(津久江の誤りで、歌仙に一座する翅輪《しりん》のことか)が来て、金丸八幡参詣。翠桃宅泊。
十四日　雨。高勝が重詰めを持って訪ねてきて、夜まで滞在。翠桃宅泊。
十五日　雨やむ。高勝との約束で、昼過ぎに芭蕉は鹿子畑助右衛門と一緒に黒羽の高勝の屋敷に赴く。曾良は持病のために翠桃宅にとどまる。芭蕉は浄法寺宅泊。
十六日　晴。芭蕉は浄法寺宅から翠桃宅に帰ってきて、昼、曾良と一緒に高勝差し回しの馬で出立。

曾良の「俳諧書留」に録される「翠桃を尋て」と前書した、

秣《まぐさ》おふ人を枝折の夏野哉　芭蕉

を発句とする歌仙は、最初、翠桃・曾良との三吟で始まり、途中から翅輪(津久江氏)・桃里《とうり》(蓮見氏)・二寸《にすん》(森田氏)、それに匂の花を秋鴉《しゅうあ》(浄法寺高勝)が付けるもので、多分数日かけて満尾したものであろう。桃里は、余瀬の本陣問屋の主人だったという。なお、先述の『陸奥鵆《むつちどり》』(元禄十年)が収めるものには、名残裏の五句の句形と作者名が異なっている。途中の景を『奥の細道』は「山はおくあるけしきにて、谷道遥《はるか》に、松杉黒く、苔したゝりて、卯月の天今猶寒し」と描写している。

雲岩寺（雲巌寺）　手前の朱塗りの橋が瓜瓞橋

五日には早速に仏頂《ぶっちょう》和尚ゆかりの雲巌寺（雲岩寺と書かれることが多い）に杖を曳いた。雲巌寺は、黒羽から東に三里ほどの所にある臨済宗妙心寺派の名刹で、今も美しいたたずまいを見せている。久富哲雄氏が紹介された雲巌禅寺十三世金英子錬作『雲岩寺十境《じっけい》五橋図』（享保十二年）によれば、黒羽から川の左岸を通って進んでいくと、左側に玲瓏岩《れいろうがん》があり、そこから少し先の独木橋《どくぼくきょう》を渡って川の右を歩くことになる。川が曲がる所の向こうに千丈岩が聳え、川岸と道との間に飛雪亭《ひせってい》、川中に水分石が見える。そこからさらに少し歩んで瓜瓞橋《かてつきょう》を渡って山門をくぐる。山門のちょうど南に、玉几峰《ぎょくきほう》、その背後に鉢盂峰《ぼうほう》が見える。山門を入って正面に仏殿、その後ろに方丈があり、方丈の西北に海岸閣、西端に竹林塔、東端に梅林がある。瓜瓞橋を渡らずに行くと瑞雲《ずいうん》橋があり、その東南の山中に龍雲洞がある。川は雲巌寺の西に流れが遡るが、そこにも二基の橋が見える。

「雲岩寺十景」は、開山仏国国師の命名によるものだと言い、曾良は「書留」に海岩閣（海岸閣）・

竹林(霊石之竹林)・十梅林・龍雲洞・玉几峯・鉢盂《ボウホウ》峯・水分石・千丈岩・飛雪亭・玲瓏岩の名と共に、「五橋」として独木橋・瑞雲橋・瓜瓞橋・涅槃橋・梅船橋、「三井」として神龍池・都寺泉《スウズセン》・岩虎井の名も記している。同じく久富氏の紹介される『東山雲巌禅寺旧記』(延宝九年)の「東山旧跡等書付」によれば、もともとの「五橋」には無量橋が入っていたが、無くなったために独木橋を代わりに加えたのだという。雲巌寺は南と西の二方を川に囲まれているが、その川を渡って山内に入るための橋が「五橋」だったのだろう。

『奥の細道』には「十景尽《じつけいつく》る所、橋をわたつて山門に入《いる》」と記されるが、海岸閣・十梅林・霊石之竹林の三個所は山内にあることになる。この「橋」は、「五橋」の一の瓜瓞橋《かてつきょう》で、今も山門の前にある朱塗りの反り橋。

『奥の細道』の記載を信ずれば、芭蕉たちは「後《うしろ》の山」に登って若い頃に仏頂和尚が修行した「山居の跡」を訪れた。私が寺で尋ねたところ、「山居の跡」は寺の西側の山にあり、今は行けないということだったが、芭蕉の訪れたときは、以前と変わらない姿で残っていたようだ。「山居の跡」を詠んだ、

木啄《きつつき》も庵は破らず夏木立

の句は、後に『奥の細道』に収めるに際し、いったん中七を「庵はくらはず」としてまた元に戻す。仏頂がここで詠んだ「竪横の五尺にたらぬ草の庵むすぶもくやし雨なかりせば」(芭蕉真蹟句文には

「草の戸を」)の「むすぶ」に対応させるためであろう。『奥の細道』に芭蕉が自分の句を庵の柱に書き残したとするのは、西行が能因の歌に敬意を表して自分の歌を白川の関屋の柱に書きつけた(『山家集』)ことに倣ったもので、作りごとだろう。真蹟句文は、巴人《はじん》旧蔵で、道中書きかとされる。ここでの曾良の句は、

物いはで石にゐる間や夏《げ》の勤《つとめ》

仏頂は、常陸国鹿島根本寺の二十一世住職。延宝二年(一六七四)に寺領のことで訴訟を起こし、天和二年(一六八二)に勝訴するまで、寺社奉行に出頭するため臨川庵(深川の大工町裏町)にしばしば滞在していた。芭蕉が仏頂を知ったのも、この間のことであった。芭蕉は仏頂より一歳下で、とりわけ親しみを覚えたと思われる。『奥の細道』素龍清書本の完成する直前の元禄七年早春に芭蕉庵を訪れた仏頂は禅話と俳話に時を過ごしたらしい。後年、仏頂は客僧として再び雲巌寺に住し、ここで正徳五年(一七一五)十二月二十八日に七十三歳で遷化した。

滞在した高勝の屋敷では、「秋鴉主人の佳景に対す」として、

山も庭にうごきいるゝや夏ざしき

の句入りの文章をものしている。七日には、

田や麦や中にも夏の時鳥《ほととぎす》

九日に訪れた光明寺は武家修験の寺。当時の先達・権大僧都源光法院の室は図書高勝の娘だったという。ここの行者堂を拝して芭蕉は、

夏山や首途《かどで》を拝む高あしだ

曾良は、

汗の香に衣ふるはん行者堂

の句を詠む。芭蕉句は「夏山に足駄を拝む首途哉」として『奥の細道』に記す。なお、滞在中、芭蕉は、芭蕉に鶴を描いた絵に、

鶴鳴《なく》や其《その》声に芭蕉やれぬべし

の画賛をものしている。

鮎の子の何を行衛《ゆくへ》にのぼり船

の画賛句には作者名を記さぬが、芭蕉の可能性が高い。

金丸八幡

那須野は、鳥羽院の寵姫玉藻《たまも》の前に化けた金毛九尾の妖狐が安部泰成に正体を見破られて逃げ込み、三浦の介・上総の介に射殺された所として謡曲『殺生石《せっしょうせき》』でよく知られていた。『奥の細道』に出る犬追物の跡は、三浦の介らが妖狐を射るために練習した跡で、これが犬追物の始まりだと謡曲『殺生石』にいう。十二日に高勝に案内されて見物したことだろう。十三日に参詣した金丸八幡は、屋島の合戦で那須の与一が祈願した神社と『奥の細道』にするが、次項に記すように与一が祈ったのは温泉《ゆぜん》神社。土地の人の話を書いたものか。

黒羽滞在中に芭蕉は杉風に手紙を出している。この手紙は伝わっていないが、旅に出てから出した初めての便りで、道中の無事を伝えたものであっただろう。道中の発句を記しておいたと曾良は書いている。

7　白河関へ

一　十六日　天気能《よし》。翁、館ヨリ余瀬《よぜ》へ被立越《たちこえらる》。則、同道ニテ余瀬を立。及昼《ひるにおよび》、図書・弾蔵より馬人ニ而《て》被送《おくら》ル。馬ハ野間と云所ヨリ戻ス。此間弐里余。高久ニ至ル。雨降リ出ニ依《より》、滞ル。此間壱里半余。宿角左衛門、図書より状被添《そへらる》。

一　十七日　角左衛門方ニ猶宿。雨降。野間ハ太田原より三里之内、鍋かけより五六丁西。

一　十八日　卯《うの》尅、地震ス。辰《たつ》ノ上尅、雨止。午《うま》ノ尅、高久角左衛門宿ヲ立。暫有テ快晴ス。馬壱疋、松子村迄送ル。此間壱リ。松子より湯本へ三リ。未《ひつじ》ノ下尅、湯本五左衛門方へ着。

一　十九日　快晴。予、鉢ニ出ル。朝飯後、図書家来角左衛門ヲ黒羽へ戻ス。午ノ上尅、湯泉《ゆぜん》へ参詣。神主越中出合《であひ》、宝物ヲ拝。与一扇ノ的躬(射)残ノカブラ壱本・征矢《そや》十本・蟇目《ひきめ》ノカブラ壱本・檜《ひ》扇子壱本、金ノ絵也。正一位ノ宣旨・縁起等拝ム。夫より殺生石ヲ見ル。宿五左衛門案内。以上湯数六ケ所。上ハ出ル事不定、次ハ冷。ソノ次ハ温冷兼、御橋ノ下也。ソノ次ハ不出《いでず》。ソノ次温湯アツシ。ソノ次、温也ノ由、所ノ云也。
温泉大明神ノ相殿《あひどの》ニ八幡宮ヲ移シ奉テ、雨(両)神一方ニ拝レサセ玉フヲ、

湯をむすぶ誓も同じ石清水《いはしみづ》　翁

殺生石

石の香や夏草赤く露あつし

正一位ノ神位被加《くはへらるる》ノ事、貞享四年黒羽ノ館主信濃守増栄《ますなが》被寄進《きしんせらるる》之由。祭礼、

九月廿九日。

一　廿日　朝霧降ル。辰《たつの》中尅、晴。下尅、湯本ヲ立。ウルシ塚迄三リ余。半途ニ小や村有。ウルシ塚ヨリ芦野ヘ二リ余。湯本ヨリ総《すべ》テ山道ニテ能不知《よくしらず》シテ難通《とほりがたし》。

一　芦野より白坂ヘ三リ八丁。芦野町ハヅレ、木戸ノ外、茶や松本市兵衛前より左ノ方ヘ切レ(十町程過テ左ノ方ニ鏡山有)、八幡ノ大門通リ之内、左ノ方ニ遊行柳有。其西ノ四五丁之内ニ愛岩(宕)有。其社ノ東ノ方、畑岸ニ玄仍《げんじやう》ノ松トテ有。玄仍ノ庵跡ナルノ由。其辺ニ三ツ葉芦沼有。見渡ス内也。八幡ハ所之《の》ウブスナ也(市兵衛案内也。すグニ奥州ノ方、町ハヅレ橋ノキハヘ出ル)。

一　芦野より一里半余過テ、ヨリ居村有。是よりハタ村ヘ行《ゆか》バ、町ハヅレより右ヘ切ル也。

一　関明神、関東ノ方ニ一社、奥州ノ方ニ一社、間廿間計《ばかり》有。両方ノ門前ニ茶や有。小坂也。これより白坂ヘ十町程有。古関を尋て白坂ノ町ノ入口より右ヘ切レテ籏宿《はたじゆく》ヘ行。廿日之晩泊ル。暮前より小雨降ル(籏ノ宿ノハヅレニ庄司モドシト云テ、畑ノ中桜木有。判官ヲ送リテ、是よりモドリシ酒盛ノ跡也。土中古土器有。寄妙ニ拝)。

一　廿一日　霧雨降ル。辰上尅止、宿ヲ出ル。町より西ノ方ニ住吉・玉嶋《たまつしま》ヲ一所ニ祝《いはひ》奉《たてまつる》宮有。古《いにしへ》ノ関ノ明神故ニ二所ノ関ノ名有ノ由、宿ノ主申ニ依テ参詣。ソレヨリ戻リテ関山へ参詣。行基菩薩ノ開基。聖武天皇ノ御願寺、正観音ノ由。成就山満願寺ト云。籏ノ宿より峯迄一里半、麓ヨリ峯迄十八丁。山門有。本堂有。奥ニ弘法大師・行基菩薩堂有。山門ト本堂ノ間、別当ノ寺有。真言宗也。本堂参詣ノ比《ころ》、少雨降ル。暫時止。コレヨリ白河へ壱里半余。中町左五左衛門ヲ尋。大野半治へ案内シテ通ル。黒羽へ之小袖・羽織・状、左五左衛門方ニ預置《あづけおく》。置《(ママ)》。矢吹へ申《さる》ノ上尅ニ着、宿カル。白河より四里。今日昼過ヨリ快晴。宿次道程ノ帳有リ。

○白河ノ古関ノ跡、籏ノ宿ノ下里程下野ノ方、追分ト云所ニ関ノ明神有由《あるよし》、相楽乍《さがらさ》憚《たん》ノ伝也。是ヨリ丸ノ分同ジ。

○忘ず山ハ今ハ新地《あらち》山ト云。但馬村ト云所より半道程東ノ方へ行、阿武隈河ノハタ。

○二方ノ山、今ハ二子塚村ト云。右ノ所よりアブクマ河ヲ渡リテ行。二所共ニ関山ヨリ白河ノ方、昔道也。二方ノ山、古哥有由《あるよし》。

みちのくの阿武隈河ノわたり江に人(妹トモ)忘れずの山は有けり

○うたゝねの森、白河ノ近所、鹿嶋の社ノ近所。今ハ木一、二本有。

かしま成うたゝねの森橋たえていなをふせどりも通ハざりけり(八雲ニ有由)

○宗祇もどし橋、白河ノ町(石山より入口)より右、かしまへ行《ゆく》道、ゑた町有。其きわニ成程かすか成橋也《なる》。むかし、結城殿《ゆふき》数代、白河を知玉フ時《しらせ》、一家衆《いっけしゅ》寄合、かしまニて連歌有時《ある》、難句有之《これあり》。いづれも三日付ル事不成《ならず》。宗祇、旅行ノ宿ニテ被聞之《これをきかれ》て、其所へ被趣時《おもむかるる》、四十計ノ女出向、宗祇に「いか成事《なること》にて、いづ方へ」と問。右ノ由尓々《しかじか》。女「それハ先《サキ》に付侍りし」と答てうせぬ。

月日の下に独りこそすめ

付句

かきおくる文のをくには名をとめて

ト申ければ、宗祇かんじられてもどられけりと云伝《いひつたふ》。

十六日昼に、図書高勝差し回しの馬で黒羽を出立した芭蕉だが、二里余ほど行った野間で戻す。『奥の細道』に、「口付のおのこ」の望みによって、

野を横に馬牽《ひき》むけよほとゝぎす

の句を与えたとある(この句は「俳諧書留」に記されない)。金沢で入門した万子《まんし》がこの話を聞き、尋ねあてて入手した旨の譲り状の付く「野をよこに」発句切れ(出光美術館蔵)が伝わり、鼻紙などに用いる小菊紙に書かれているので、道中の倉卒の間に染筆されたものと察せられるが、墨付きや筆勢などから馬上において矢立で書かれたものとは考えにくい。

それからまた一里半ほど行った高久《たかく》に至って急に雨が降り出し、図書高勝からの紹介状によって、

この地の大名主で問屋の高久覚左衛門(日記に角左衛門とするのは誤り)に宿す。覚左衛門は、この年二十八歳。高久は原街道の宿駅だった。翌十七日の条に「野間ハ太田原より三里之内、鍋かけより五六丁西」と記すところから十六日の行程が推察される。すなわち黒羽から野間(現・那須塩原市内)に至り、野間から五、六丁進んで鍋掛宿(同)に入ったのである。『下野のおくのほそ道』は鍋掛から那珂川を渡り、対岸の越堀《こえぼり》で奥州街道を左に折れて那珂川に沿って北に向かい高久に着いたと考えている。現在の高久家は高福寺の門前を少し行った道路の右側にあるが、昔の屋敷は道路を隔てた西側の小高い所にあったということである。

翌十七日も雨で覚左衛門宅に逗留。前書を付して、

落《おち》くるやたかくの宿《しゆく》の郭公《ほととぎす》　翁

木の間をのぞく短夜の雨　曾良

の唱和を覚左衛門に贈ったのが現存する。十八日の早朝に地震があったが、やがて雨が止み、昼に出立。しばらくして快晴となる。一里ほど向こうの松子村まで馬を一頭付けて送ってくれる。当時は、高久の宿から左に折れて茅沼・腰掛け松を経て松子村まで道が通っていたという。さらに三里歩いて、未の下刻(午後三時前後)に湯本五左衛門方に到着した。温泉宿和泉屋の主人の名という。

十九日の朝、曾良は托鉢に出た。修行の一つである。朝食後、黒羽から付いてきてくれた高勝の家来の角左衛門が戻っていく。「午ノ上尅」(昼前)に五左衛門の案内で温泉《ゆぜん》神社に参詣した。温泉神

殺生河原

社は、那須与一が源平屋島の合戦で扇の的を射るとき「南無八幡大菩薩、別しては我が国の神明、日光権現、宇津宮那須温泉大明神、願はくはあの扇の真中射させてたばせ給へ」（『平家物語』）と祈った神社。神主に扇を射たとき残った矢など与一ゆかりの寺宝その他を見せてもらった後、殺生石を見る。玉藻の前に化けた妖狐の執心が凝り固まったと伝えられるもので、『奥の細道』に「殺生石は温泉《いでゆ》の出《いづ》る山陰《やまかげ》にあり」と記す。その様子について曾良は記さないが、桃隣によれば、およそ七尺四方、高さは四尺余の赤黒い石で、毒気はまだ強く、十間四方を囲んで人が入れないようにしてあって、辺りの草木は生えていないという。曾良は、むしろ神事と温泉について興味を寄せたらしく、詳しく聞いたことを記載している。

湯をむすぶ誓も同じ石清水　翁

石の香や夏草赤く露あつし　曾良

二十日朝、霧が出る。「辰《たつの》中尅」に晴れて出立。小屋村（現・那須町池田）・漆塚を経て芦野《あしの》に行く。

五里余の距離。湯本からは総て山道で、よく知らない者は通りがたいと記す。

芦野は奥州街道の宿駅で、芦野氏の領地だった。当時の領主は芦野民部資俊、俳号を桃酔《とうすい》と言い（やはり芭蕉の命名か）、西行が歌を詠んだという遊行柳が自らの領地にあることを芭蕉に語っていたことだろう。『奥の細道』に「此柳みせばやなど折〳〵にの給ひ聞え給ふ」と記すとおりだったと思われる。遊行柳は、温泉神社の相殿八幡宮の参道入り口にあたる辺にあったというが、今は、田圃の中に見える。

遊行柳

田一枚植《うゑ》て立《たち》去る柳かな

は、『奥の細道』執筆時に、「水せきて早稲（早苗）たばぬる柳陰」そして下五を「柳哉」と案じかえていったことが芭蕉自筆本（野坡本）から分かる。その近く西の方に芦野八景の一とされる愛宕山や連歌師兼載《けんさい》の松（庵の跡。日記には「玄仍」と誤る）、「三ツ葉芦沼」がある。

芭蕉と曾良は、奥州街道を歩んで行く。一里半ほどで寄居《よりい》。この町はずれから右に切れたら旗宿《はたじゅく》に行くが、その道をとらずに関の明神に向かう。関東側に男神

関の明神

（住吉明神）、奥州側に女神（玉津島明神）が祀られている。門前の茶屋は、今の石井氏宅だという。これで下野国を離れて陸奥に入る。ここから十町ほどで白坂（現在は白河市）に着くが、昔の白河関址を訪ねようと、白坂の入り口から右へ切れて旗宿に宿る。宿はずれに佐藤庄司が息子の継信・忠信と別れに際し桜の杖を挿したという所があり、拝す。夕方から小雨が降ってきた。

二十一日も霧雨が残っていたが、辰上刻に止んで出立。曾良は、「白河関址」を旗宿の南の追分と思っていたらしい（「名勝備忘録」）のだが、宿の主に住吉・玉津島を祀る二所関が昔の関の明神だと教えられて、そちらを参詣している（因みに、二所は、現在の白河神社には明治初年に合祀されたらしい）。後日、須賀川で等躬《とうきゅう》から、やはり追分の関の明神が本当の古関址だと教えられている。そこから戻って、旗宿の北東の関山の山頂にある真言宗成就山満願寺に詣でる。また少し雨。ここから一里半余で白河に出て、中町の左五左衛門を訪ね、大野半治にも通過の旨を報じているが、共にどのような人物か不明。五左衛門には、黒羽で借りたかと思われる小袖・羽織に手紙を添えて預けているので、高勝にゆかりの人物だったのであろう。歌枕の忘《わすれ》ず山(新地山)、二子山、うたたねの森、それに宗祇《そうぎ》戻し橋も見ている。うたたねの森は、鹿島神社の近くにあり、今は木が一、二本あるのみだという。やはり後に、等躬から聞いたと日記に記す。宗祇戻し橋は、『白河関物語』などに見える説話によるもので、白河から右、鹿島へ行く道にかすかな橋があると記している。二子山は二子塚村(現・西白河郡中島村)。この日、昼過ぎから快晴になった。

二子塚村から阿武隈川を渡る。曾良は「名勝備忘録」に「白川ノ町ハズレニテ渡ル」と注記し、桃隣も「阿武隈川は白河町の末、流れは奥の海へ落る」とした上、百間余の長さの珍しい板橋がかかっていたことを記している。芭蕉たちも、橋を渡ったのであろう。

申の上刻(午後四時前後)に矢吹《やぶき》に着き宿す。白河から四里。この日に白河関を越えたと、芭蕉は二十六日付で杉風に報じている。『奥の細道』に「心許なき日かず重《かさな》るまゝに、白川関にかゝりて旅心定《さだま》りぬ」と記すが、「心許なき」とは不安の意味でなく期待の気持ちを言う。白河関を越えるということは奥州路に入ったということと同義語で、いよいよ目的の土地に着いたことを意味する。黒羽で借りたという「小袖・羽織」は、ひょっとしたら装束を改めてこの関を越えたという藤原清輔『袋草紙』に記される竹田大夫国行の故事のひそみにならった「関の晴着」だったかもしれない。

『奥の細道』に、

古人冠を正し衣装を改《あらため》し事など清輔《きよすけ》の筆にもとゞめ置れしとぞ。

と記しているが、清輔著『袋草紙』の記載は、竹田大夫国行という者が陸奥《みちのく》に下向のとき、白河関を越える日に装束を改めて関に向かったので、「どうしてか」とある人が問うたところ、古曾部《こそべ》入道(能因法師)が「都をばかすみとともに立ちしかど秋風ぞ吹く白河の関」の名歌を詠んだ所をどうして褻なり(普段着)で過ぎることができようかと答えたというものである。

早苗にも我《わが》色黒き日数哉　翁

卯の花をかざしに関のはれ着哉　曾良

白河関での両人の句で(杉風宛曾良書簡)、曾良の句のみ『奥の細道』に用いられている。

二　とかくして越え行くまゝに――須賀川から松島

8　須賀川

一　廿二日　須か川、乍《さ》単斎《たんさい》宿、俳有。

一　廿三日　同所滞留。晩方へ可伸《かしん》ニ遊《あそび》、帰《かへり》ニ寺々八幡ヲ拝。

一　廿四日　主《あるじ》ノ田植。昼過より可伸庵ニ而《て》会有。会席、そば切、祐碩賞之《これをもてなす》。雷雨、暮方止。

一　廿五日　主物忌《ものいみ》、別火。

一　廿六日　小雨ス。

一　廿七日　曇。三つ物ども。芹沢ノ滝へ行。

一　廿八日　発足ノ筈《はず》定ル。矢内《やない》彦三郎来而《て》延引ス。昼過ヨリ彼《かの》宅へ行而《て》及暮《くれにおよぶ》。十念寺・諏訪明神へ参詣。朝之内、曇。

二十二日、矢吹の宿を出て、須賀川《すかがわ》の等躬《とうきゅう》宅に着く。『奥の細道』に「とかくして越行《こえゆく》まゝに、あふくま川を渡る」とあるのは、前日のこととなる。「あふくま川」は歌枕ではオウクマガワと読むことになるが、阿武隈川《あぶくまがわ》のこと。続けて「左に会津根高く」すなわち歩んでいく左に会津磐梯山が高く聳え、「右に岩城・相馬・三春の庄、常陸・下野の地をさかひて山つらなる」すなわち右側にある陸奥《みちのく》の岩城・相馬・三春の地域と、関東側の常陸・下野両国を区切るかのように山が列なっていると、奥州路に入った所の様子を描写する。ただし、順序は阿武隈山脈に沿って南から岩城・三春・相馬の順になる。『奥の細道』によれば、途中に影沼を見たことになるが、日記の記載はない。

　等躬は、相楽《さがら》伊左衛門。江戸俳壇創設期の中心人物の一人だった未得《みとく》に学び、未得歿後はその門の調和《ちょうわ》に就いていた。乍憚《さたん》は別号。芭蕉よりも六歳の年長で、芭蕉が宗匠になるときの万句興行に「三吉野《みよしの》や世上の花を目八分」の句を贈っている。江戸では「伊勢町山口左衛門方」に滞在していた。芭蕉とは古くからの馴染みであったと言ってよい。この宿の駅長であったということについての確証はないが、須賀川の大家《たいか》であったことは間違いない。

　元禄九年に芭蕉の跡を辿った桃隣は、江戸への帰途の七月一日から等躬のもとで二泊し、両吟一巻を催している(『陸奥衛』『伊達衣』)。さらに、正徳六年(一七一六)には、当時江戸にあった祇空《ぎくう》が四月十三日に出立、結城の砂岡我尚宅で那須の潭北《たんぼく》を待ち合わせて奥州への旅に向かって、その五月三日に須賀川に到着、等躬を訪ねたが、前年に亡くなっており、息の甚蔵も岩城に行ったとのことで会えなかった。祇空には『烏糸欄《うしらん》』(享保二年跋)、潭北には『汐越《しおごし》』(享保元年刊)の紀行集がある。

さて、芭蕉と曾良は、着いた日に早速俳諧を興行している。曾良の日記(「俳諧書留」)に記される、

風流の初《はじめ》やおくの田植歌　翁

覆盆子《いちご》を折《をり》て我《わが》まうけ草　等躬

水せきて昼寝の石やなをすらん　曾良

に始まる三吟がそれで、翌日に歌仙に満尾した。なお、この「風流の」及び、以下に記す「旅衣」「茨やうを」の、それぞれ三句目までを記した芭蕉自筆の道中書きが伝わっている。発句は、そのまま『奥の細道』に用いている。

二十三日の晩には可伸《かしん》の庵にも赴く。俗名を矢内弥三郎といい、俳号は栗斎《りつさい》。『奥の細道』に「大きなる栗の木陰をたのみて世をいとふ僧有《あり》」と記される人物である。須賀川の真ん中を奥州街道が通っていて、その両側に寺が数ヵ所あったというが、その一つの八幡社を帰りに拝んでいる。

二十四日は、等躬の家で田植えの行事があった。吉日を選んで「さびらき」と称して小豆飯や煮染めなどで祝い、田植えの終わった日にも「さなぶり」と称して同様の祝いをする風習があったという。朝、一家の主である等躬の田植えを芭蕉と曾良も見物したようで、曾良の「俳諧書留」には「この日や田植の日也と、めなれぬことぶきなど有《あり》て、まうけせられけるに」と前書して、曾良の発句、

旅衣早苗に包む食《めし》乞《こは》ん

に始まる芭蕉・等躬の三吟三物《さんぎんみつもの》が作られた。

この日の午後は、可伸の庵で、

かくれがやめだゝぬ花を軒の栗　芭蕉

に始まる七吟歌仙が興行された。連衆は、脇が栗斎《りつさい》(可伸)、第三が等躬、以下、曾良・等雲《とううん》・須《す》竿《かん》・素《そ》蘭《らん》。等雲は吉田祐碩、須竿は内藤安右衛門、可伸の縁者と思われる素蘭は矢内弥市右衛門、いずれも須賀川の人だという。振る舞われた蕎麦切りを一座していた医師の祐碩が賞したとも日記に記されている。

後年に等躬が編んだ『伊達衣《だてごろも》』(元禄十二年)には、

桑門可伸は、栗の木のもとに庵をむすべり。伝へ聞《きく》、行基菩薩《ぎやうぎ》の古《いにしへ》は、西に縁有木《ある》なりと、杖にも柱にも用ひ給ひけるとかや。幽栖心《いうせい》ある分野《ありさま》にて、弥陀の誓もいとたのもし。

との前書で、歌仙全文を収めている。曾良の「俳諧書留」には、前書と中七を「めにたゝぬ」とする発句および四句までを記すが、前書にも小異がある。曾良「書留」の形は、俳席に出された句形か、もしくは誤写かと思われるが、ともあれ、その句文を書いて芭蕉は可伸に贈ったと思われる。あるいは、『伊達衣』所載の歌仙の原稿になったものがそれかとも推察される。なお、連衆の一人、須竿ゆかりの家系に伝えられたものだという七吟歌仙のみを芭蕉が清書した懐紙が存在するが、付句に異同がある。他に曾良清書の一本もあったという(『鶯宿雑記』)が、真偽は未詳。

『奥の細道』に「世の人の見付《つけ》ぬ花や軒の栗」の形で載るのは、その句文を改作したものであるが、この句、芭蕉自筆の野坡本から、当初「目にたゝぬ花を頼に軒の栗」と記し、張り紙して右の句形に改めたことが分かる。「目にたゝぬ」の語が曾良「書留」の中七と同じであることに注目される。

なお、可伸は、自分が栗を植えているのは別に行基に縁あるものだからでなく、ただ実を採って食べるだけのものだったが、芭蕉がこの句を作ってから、人々が愛でることになったと記している(『伊達衣』)。さらに後日譚が駒井乗邨『鶯宿雑記《おうしゆくざつき》』(文化十二年自序)巻十八に載る。すなわち、芭蕉来訪当時の栗の木は枯れてしまい、新たに植えたのが既に大木になっていて、等躬の曾孫の代の相良(相楽)甚蔵家から毎年の秋には栗の実百粒ずつをお上に献上しているという。

二十五日も等躬宅に滞在したが、この日は、亭主の「物忌《ものいみ》」の日で、煮炊きの火も別にされたと、曾良は日記に記している。田植えの行事と関連することであったのを、神道に関心のあった曾良には興味深かったのであろう。二十六日は小雨が降ったが、この日、芭蕉は、黒羽以後の旅の様子や今後の予定を杉風宛に書き送っている。この書簡によると、二十七日に発足のはずだったが、逗留を続け、二十七日には、曇天の中、「三人」(芭蕉・曾良・等躬か)で芹沢の滝というところに行った。この滝は須賀川から十町ほどの所にあったものというが、今はない。

二十八日、この日「朝之内、曇」と記される。今日も、矢内《やない》彦三郎という人物が来て、発足が延びた。やはり、可伸の縁者だろう。午後、彦三郎宅に赴いて暮れ方になり、十念寺・諏訪神社に参詣する。翌日発足のてはずを整える。

なお、白河住の風光の編んだ『宗祇戻《そうぎもどし》』(宝暦四年)に、諏訪神社に伝わった芭蕉の手跡によるとして日光裏見の滝で曾良の詠んだ「うら見せて」の句と芭蕉像を載せる。おそらく、この地に残された曾良の詠がいつしか芭蕉のものとされたのであろう。二十三日に拝した八幡社は、現在諏訪神社に合祀されている。

日は不明だが、須賀川滞在中に、

茨《ふき》やうを又習《ならひ》けりかつみ草　等躬

に始まる曾良・芭蕉の三吟三物がなされ、また、黒羽の桃雪《とうせつ》(浄法寺高勝)からの留別吟、

雨晴て栗の花咲《さく》跡見哉

が届いて、等躬・芭蕉・曾良で四句目までを付ける。白河藩士の何云《かうん》に白河で会えなかったことを残念がって書簡を送り、

関守の宿を水鶏《くひな》にとはふもの

の句を記す。また、白河での「我色黒《わが》き」の句を

西か東か先《まづ》早苗にも風の音

と改める。

9　福島へ

一　廿九日　快晴。巳中《みの》尅、発足。石河滝見ニ行(此間、さゝ川ト云宿ヨリあさか郡)。須か川より辰巳《たつみ》ノ方壱里半計有。滝より十余丁下ヲ渡リ、上へ登ル。歩《かち》ニテ行バ、滝ノ上渡レバ余程近由《ちかきよし》。阿武隈川也。川ハゞ百二、三十間も有之《これあり》。滝ハ筋かへニ百五六十間も可有《あるべし》。高サ二丈、壱丈五六尺、所ニより壱丈計ノ所も有之《これあり》。それより川ヲ左ニナシ、壱里計下リテ、向《むかうに》小作田村と云馬次有。ソレより弐里下リ、守山宿と云馬次有。御代官諸星庄兵へ殿支配也。問屋善兵へ方(手代湯原半太夫)へ幽碩より状被添《そへらるる》故、殊之外取持《とりもつ》。又、本実坊・善法寺へ矢内弥市右衛門状遣ス。則、善兵へ、矢内ニテ、先《まづ》大元明王へ参詣。裏門より本実坊へ寄、善法寺へ案内シテ本実坊同道ニテ行。村レ(雪村)雪哥仙絵・讃宗鑑之由、見物。内、人丸・定家・業平・素性・躬恒、五ふく、智證大し并金岡がカケル不動拝ス。探幽ガ大元明王ヲ拝ム。守山迄ハ午単より馬ニテ被送《おくらる》。昼飯調テ被添《そへらる》。守山より

2　とかくして越え行くまゝに

善兵へ馬ニテ郡山(二本松領)迄送ル。カナヤト云村へかゝり、アブクマ川ヲ舟ニテ越、本通《ほんどほり》日出山《ひいでのやま》へ出ル。守山より郡山へ弐里余。日ノ入前、郡山ニ到テ宿ス。宿ムサカリシ。

一　五月朔日　天気快晴。日出ノ比《ころ》、宿ヲ出。壱里半来テヒハダノ宿、馬次也。町はづれ五六丁程過テ、あさか山有。壱リ塚ノキハ也。右ノ方ニ有小山也。アサカノ沼、左ノ方谷也。皆田ニ成《なり》、沼モ少残ル。惣而《そうじて》ソノ辺山より水出ル故、いづれの谷ニも田有。いにしへ皆沼ナラント思也。山ノ井ハコレより(道より左)西ノ方(大山ノ根)三リ程間有テ、帷子《かたびら》ト云村(高倉ト云宿より安達郡之内)ニ山ノ井清水ト云有。古《いにしへ》ノにや、ふしん也。二本松の町、奥方ノはづれニ亀ガヒト云町有。ソレより右之方へ切レ、右ハ田、左ハ山ギワヲ通リテ壱リ程行テ、供中《くちゆう》ノ渡ト云テ、アブクマヲ越《こす》舟渡し有リ。ソノ向《むかう》ニ黒塚有。小キ塚ニ杉植テ有。又、近所ニ観音堂有。大岩石タヽミ上ゲタル所後ニ有。古ノ黒塚ハこれならん、右の杉植し所は鬼ヲウヅメシ所成らん、ト別当坊申ス。天台宗也。それより又、右ノ渡ヲ跡へ越《こえ》、舟着ノ岸より細道ヲつたひ、村之内へかゝり、福岡村ト云所より二本松ノ方へ本道へ出ル。二本松より八町ノめへハ二リ余。黒塚へかゝりテハ三里余有べし。八町ノめよりシノブ郡ニテ福嶋領也。福嶋町ヨリ五六丁前、郷ノ目村ニテ神尾氏ヲ尋。三月廿九日、江戸へ被参由《まゐらるるよし》ニテ、御内・御袋へ逢。すぐニ福嶋へ到テ宿ス。日未《いまだ》少シ残ル。宿キレイ也。

四月二十九日、快晴の中、巳の中刻(午前九時ごろ)に須賀川を出立した。阿武隈川《あぶくまがわ》を渡って石川の滝に向かう。須賀川の南東一里半ほどの所にあり、幅は百五十—百六十間、高さは一丈から二丈もあるように見えたという。「書留」に記される、

さみだれは滝降りうづむみかさ哉

の句文によれば、須賀川滞在中に医師の等雲《とううん》の案内で見物に行こうとしたが、雨のために水量が増えて川越えするのが不可能だということで断念していたものだった。なお、この句文は、滝を見て作ったものという説もあるが、日記の記載から須賀川で作られたものと考えられる。

滝を見物した後、川の右側を一里ほど下って小作田宿、さらに二里下って守山宿につく。ここまで、等躬が昼食を添えて馬を付けてくれた。旗本諸橋庄兵衛の領地というが、問屋の善兵衛に宛てて祐碩が紹介状を書いてくれていたので、殊の外の歓待を受けたという。また、須賀川で「かくれがや」の歌仙に一座した素蘭(矢内弥市右衛門)も、当地の本実坊・善法寺に宛てて紹介状を書いてくれていて、善兵衛の案内で、まず密教寺院の大元明王に参詣後、善法寺・本実坊に赴き、雪村《せっそん》の歌仙絵(宗鑑讃)、人丸・定家・業平・素性・躬恒の五幅、智證大師と巨瀬《こせ》金岡の描いた不動尊図、探幽の描いた大元明王図を拝した。

ここからは、善兵衛が郡山まで馬を付けてくれた。金屋を過ぎ、阿武隈川を舟で渡り、日出山《ひいでのやま》に出て、日の入り前に郡山に着いた。その間、二里余。「宿ムサカリシ」と日記に記される。日出山

の一つ手前の笹川宿から浅香郡になる。

　翌日は五月一日(グレゴリオ暦で六月十七日)。前日と異なり、朝早く日の出のころに宿を出る。快晴。一里半ほどで日和田《ひわだ》宿。ここから五、六町の所に歌枕の浅香山がある。一里塚の際、右にある小山だと記されていて、今も道路脇の小山の上にある公園がその跡だとされている。藤中将実方《さねかた》が陸奥に赴任してきたとき、土地の人が端午の節句に花菖蒲を飾ることを知らず、それなら「みちのくのあさかの沼の花かつみかつ見る人に恋やわたらむ」という『古今集』の古歌で知られる浅香沼の花かつみを飾れと言ったという故事で著名な所である。その浅香沼は、左の方にある沼だというが、曾良の日記によれば既に多くは田になっていた。『万葉集』に「安積香山《あさかやま》影さへ見ゆる山の井の浅き心をわが思はなくに」と詠まれる「山の井」は、ここからさらに西の方三里ほどの片平村にある「山ノ井清水」だというが、曾良は「古《いにしへ》ノにや、ふしん也」と記している。

黒塚の岩屋

　二本松町に入って、その奥のはずれの亀谷《かめがい》という所から右に折れて、右は田、左は山の道を一里ほど進み、供中《くちゆう》の渡という舟渡しの向いに「みちのくの安達の原の黒塚に鬼こもれりときくはまことか」と詠まれる、鬼女伝説で知られた黒塚がある。小さな塚に杉が植えてあり、「大岩石タ、ミ上ゲタル所後ニ有《あり》」と記されるが、これが黒塚の岩屋である。近所に観音堂があると記されるのは、天台宗の観世寺という寺。ここの僧に説明を聞き、それから供中の渡で阿武隈川を越え、船着き場から細道を通って福岡村、ここから本道つまり奥州街道に出る。

福島領に入って八丁目宿《はっちょうのめ》を経て、郷野目村で神尾という人物を訪ねている。芭蕉たちと入れ違いに三月二十九日に江戸に赴いたということで、その妻や母と会っているが、芭蕉との関係は不明。福島へは五、六町ということで、日の残っている内に福島に到着した。『奥の細道』に、沼を尋ね「かつみ〳〵」と日暮れまで捜してから黒塚の岩屋を一見したと記されるが、これは、謡曲『黒塚』に「急ぎ候ほどに、これははや陸奥の安達が原に着きて候。あら笑止や、日の暮れて候」とあることによった表現。日の高い内に鬼女の棲む岩屋に赴くことは、「本意」に背くことになる。

この日は「宿キレイ也」と記している。

10　福島から白石へ

一　二日　快晴。福嶋ヲ出ル。町ハヅレ十町程過テ、イガラベ村ハヅレニ川有。川ヲ不越《こさず》、右ノ方へ七八丁行テ、アブクマ川ヲ船ニテ越ス。岡部ノ渡リト云。ソレヨリ十七八丁、山ノ方へ行テ、谷アヒニモジズリ石アリ。柵《さく》フリテ有。草ノ観音堂有。杉檜六七本有。

虎が清水ト云小ク浅キ水有。福嶋より東ノ方也。其辺ヲ山口村ト云。ソレヨリ瀬ノウヱヘ出ルニハ、月ノ輪ノ渡リト云テ、岡部渡ヨリ下也。ソレヲ渡レバ十四五丁ニテ瀬ノウヱ也。山口村より瀬ノ上へ弐里程也。

一　瀬ノ上ヨリ佐場野へ行。佐藤庄司ノ寺有。寺ノ門へ不入《いらず》、西ノ方へ行。堂有。堂ノ後ノ方ニ庄司夫婦ノ石塔有。堂ノ北ノワキニ兄弟ノ石塔有。ソノワキニ兄弟ノハタザホヲサシタレバ、はた出シト云《いふ》竹有《あり》。毎年、弐本づゝ同ジ様ニ生ズ。寺ニハ判官殿笈、弁慶書《かき》シ経ナド有由《あるよし》。系図モ有由。福嶋より弐里。こほりよりモ弐里。瀬ノウヱヨリ壱リ半也。川ヲ越、十町程東ニ飯坂ト云所有。湯有。村ノ上ニ庄司館跡有《あり》。下リニハ福嶋より佐波野・飯坂・桑折《こをり》ト可行《ゆくべし》。上リニハ桑折・飯坂・佐場野・福嶋ト出タル由。昼より曇、夕方より雨降。夜ニ入、強《つよし》。飯坂ニ宿、湯ニ入。

一　三日　雨降ル。巳《み》ノ上尅止。飯坂ヲ立。桑折（ダテ郡之内）へ二リ。折々小雨降ル。

一　桑折トかいたの間ニ伊達ノ大木戸（国見峠ト云山有）ノ場所有。コスゴウトかいたトノ間ニ福嶋領（今ハ桑折より北ハ御代官所也）ト仙台領（是より刈田郡之内）トノ堺有。左ノ方、石ヲ重而《かさねて》有。大仏石ト云由。さい川より十町程前ニ、万ギ沼・万ギ山有。ソノ下ノ道、アブミコ（ワ）ブシト云岩有。二町程下リテ右ノ方ニ次（継）信・忠信が妻ノ御影《みえい》堂有。同晩、白石ニ宿ス。一二三五。

五月二日の朝は快晴だったが、昼から曇って、夕方に雨になる。福島を出立した時刻は記載がない。町はずれ十町ほどの五十辺《いがらべ》村のはずれの川を越えずに右の方に七、八町進んで岡部の渡から阿武隈川を舟で越える。そこからさらに十七、八町進んで、山口村にある文字摺石《もじずりいし》を見る。『奥の細道』には「遥《はるか》山陰の小里に、石半《なかば》土に埋《うづもれ》てあり」と様子が描写されるが、曾良の日記によれば、谷間に古い柵にかこまれてあり、傍らに草葺の観音堂が建ち、虎の清水もあって、周囲に杉檜が六、七本立っていたという。文字摺石は言うまでもなく歌枕。

文字摺石

「虎が清水」は「みちのくの忍ぶもぢずり誰ゆゑに乱れそめにし我ならなくに」に基づく源融《みなもとのとおる》と虎女の悲恋の話による清水。この日に詠んだのか否かは不明だが、仙台で北野加右衛門に会った折に、前書を付けて、

五月乙女《さおとめ》にしかた望《のぞま》んしのぶ摺《ずり》

の句を贈っている。「早苗つかむ手もとや昔しのぶ摺」と改めた形の発句を用いた真蹟句文が多く残されているが、行脚中から上方滞在中の早い時期に書かれたものと見られ、世話になった人への贈呈用として染筆されたものと推定されている。『奥の細道』には、さらに上五を「早苗とる」

医王寺の佐藤継信・忠信の墓

と改めて用いる。

岡部の渡よりも下流にある月の輪の渡(飯野哲二氏は月の輪山麓鎌田分の舟わたしと推定)を渡って十四、五町進んで瀬の上に出、さらに進んで佐場野(鯖野)に赴き、佐藤庄司一家の墓のある医王寺に行く。医王寺は、今もそうだが、門に入らずに左手の道を行くと裏手の墓地に出る。薬師堂の背後に東向きに佐藤基治・乙和姫夫妻、それと直角に南に向いてその子継信・忠信兄弟の大きな墓が建っている。基治は藤原秀衡《ひでひら》の郎党。信夫郡・伊達郡の庄司で、継信・忠信は義経の家臣となる。古浄瑠璃『八島』などで知られていた。『奥の細道』では平泉の条まで義経ゆかりの場所が鏤められていくが、ここはその最初である。曾良日記には「(兄弟の墓の)ソノワキニ兄弟ノハタザホヲサシタレバ、はた出シト云《いふ》竹有《あり》。毎年、弐本づゝ同ジ様ニ生ズ」とも記す。「寺ニハ判官殿笈、弁慶書《かき》シ経ナド有由《あるよし》。系図モ有由」と記しているが、『奥の細道』では、

弁慶が笈をもかざれ帋幟《かみのぼり》(野坂本)

笈も太刀《たち》も五月《さつき》にかざれ帋幟（曾良本訂正）

と推敲する。いずれも『奥の細道』執筆に際しての作だろう。『奥の細道』の「寺に入て茶を乞へば」の記述は事実かどうか。

川を越えて十町ほど東に行って、飯坂《いいざか》という温泉の出る村で宿を取る。今の旅館街から川岸の方に下りていった所に芭蕉の入った湯の跡という場所がある。日記に「村ノ上ニ庄司館跡有《あり》」と記されるのが、『奥の細道』に見える「庄司が旧館」である。夜、雨が激しくなる。『奥の細道』には飯塚に泊まったとするが、故意の改変とは思えず、思い違いだろう。入江野と佐場野の中間に飯塚という地名はある。宿が「土坐に莚を敷てあやしき貧家」であったことや、「持病さへおこりて消入《きえいる》計《ばかり》」になったと記すのは、『奥の細道』の創作であろう。

三日、雨の中を出立したが、巳ノ上刻に止む。桑折《こおり》まで二里の道を歩いていく途中、折々小雨が降る。『奥の細道』に「馬かりて桑折の駅に出る」とあるのは、前夜の記述を受けたもので、事実ではあるまい。日記には、桑折と貝田《かいた》の間に伊達の大木戸の遺跡があったと記す。伊達の大木戸は、文治五年（一一八九）に、鎌倉方を迎え討つために厚樫山に藤原方が設けた柵で、佐藤庄司（基治）敗軍の地と伝えられる。もっとも、北村開成蛙氏「おくのほそ道・私録（一）」（『濱』一九八一年五月）は、「伊達の大木戸」はもっと先の「越河の御番所」の場所にあった往時の「下紐の関」のことで、今も下紐の石という巨石があるという。

甲冑堂

貝田と越河《こすごう》の間に、福島領と仙台領の境があると日記にも記す。その左の方に石を重ねてあったのが大仏石だという。石の大仏とも称されたというが、今はなく、伝承も残っていない由。斎川の十町ほど手前に馬牛沼と馬牛山(日記には万ギ沼・万ギ山)があり、その下に「アブミコブシ」という岩があると記す。『奥の細道』に記す「鐙摺」のことで、義経が通ったとき、狭い険路のために鐙が岩に摺り付いたところからの名とされる。アブズリ・アブミコワシともいう。二町ほど下った所の右手に田村神社があるが、その左手の甲冑堂について曾良日記は「次(継)信・忠信が妻ノ御影《みえい》堂有」と記す。この御堂は文亀年間(一五〇一—〇四)に佐藤信治が創建したものと伝えられ、中に二人の女性の像が安置される。像は田村神社の祭神坂上田村麻呂の脇護の二女神だが、江戸時代には継信・忠信兄弟の妻である楓・初音の像だと言われていて、桃隣も「小高キ所、堂一宇、次信・忠信両妻軍立《いくさだち》の姿にて相双びたり。外《ほか》に本尊なし」と記す(『陸奥衢』)。この堂は明治八年に放火によって全焼、昭和十八年に法隆寺の夢殿を模して再建されたが、その際に蕪村作『奥の細道画巻』の「二人の嫁」の絵を参考にして彩色の木像が安置された。現在も、楓・初音の像だと堂の前の解説に記してある。

その夜は白石《しろいし》(刈田郡)に泊まる。片倉氏一万六千石の居城。奥州街道と山中道の出会う交通の要衝で、参勤交代の宿駅としても賑わっていた。日記には「一二三五」という意味不明の記載があるが、一貫二百三十五文の意味で、金一歩の換算レートかと考えられる(頴原退蔵・尾形仂『新版おくのほそ道』角川ソフィア文庫、二〇〇三年)。

11　武隈松・笠島

> 一　四日　雨少止《すこしやむ》。辰《たつ》ノ尅、白石《しろいし》ヲ立。折々日ノ光見ル。岩沼入口ノ左ノ方ニ竹駒明神ト云有リ。ソノ別当ノ寺ノ後ニ武隈ノ松有。竹がきヲシテ有。ソノ辺、侍《さむらひ》やしき也。古市源七殿住所也。
> ○笠嶋(名取郡之内)、岩沼・増田之間、左ノ方一里計《ばかり》有。三ノ輪・笠嶋と村並《ならびて》而有由、行過テ不見《みず》。
> ○名取川、中田出口ニ有。大橋・小橋二つ有。左ヨリ右へ流也。
> ○若林川、長町ノ出口也。此川一ツ隔テ仙台町入口也。
> 夕方仙台ニ着。其夜宿、国分町大崎庄左衛門。

武隈の松　根元から二木に分かれている

五月四日、雨が少し止んだので、いつものように辰の刻に宿を出る。日記の記載はないが、白石川橋を渡って宮から右に折れ柴田郡に入り槻木から岩沼(名取郡)に向かったと推定される。時々陽が射す天候だったという。岩沼の入り口の左の方に竹駒明神があり、そこの別当寺の後ろに歌枕である武隈の松(二木松《ふたきのまつ》)があった。曾良日記には竹垣で囲ってあったと記すが、今は、朱塗りの玉垣をめぐらしてバス道路の傍に立っている。日記には、また「ソノ辺、侍《さむらひ》やしき也。古市源七殿住所也」とも記すが、佐々木喜一郎氏の『二木松考』(一九五九年)は、古内源吉のことをフルイチゲンシチと聞き誤って書き留めたのだろうとする。当時の岩沼館主のことである。

武隈の松について、歌論書『奥義抄』には、宮内卿の藤原元善が陸奥守として赴任したときに館の前に松を植えておいたところ、後に再任されて来たときに枯れてしまっていたので小松を植え継がせたのだと説明するが、『後撰集』の元善の歌「植ゑしとき契りやしけむ武隈の松をふたたびあひ見つるかな」に付した前書によれば、赴任する途中に見た武隈の松が枯れていたので小松を植え継がせておいたのを、任が果てたのち、再任されて来たときに見て詠んだ歌と考えられる。ともあれ、その後も何度も枯れては植え継がれてきたものとされ、歌もそのことを本意として詠まれてきた。『二木松考』によれば、現在の松は七代目にあたり、文久二年（一八六二）に烈風で倒れた後に玉浦村仁ノ倉浜から移したものというので、芭蕉の見たものとは違っていることになる。

『奥の細道』には挙白《きよはく》が「武隈の松みせ申せ遅桜」という句を餞別に贈ってくれたのに応じて「桜より松は二木を三月越《ごし》」と詠んだとする。曾良日記の記載には見えないが、「散うせぬ松や」の形で、道中から挙白に送った句文が挙白撰『四季千句』に収められる。なお、『四季千句』はこの年八月付の奥書を持つもので、芭蕉の旅中の編集上梓だったと思われる。道中書きと考えられる真蹟懐紙には、

ちりうせぬ松は二木を三月ごし　　芭蕉庵桃青

としていて、これが初案だろう。

日記によれば、岩沼と増田の間の左の方に笠島があったというが、行き過ぎてしまって寄れなかったということである。笠島には藤原実方が乗馬のまま通り過ぎようとしたために神の怒りに触れて落馬して死んだという故事のある道祖神の社、少し離れて実方の墓、それに西行が立ち寄って「朽ちもせぬその名ばかりを留め置きて枯野のすすき形見にぞ見る」と歌に詠んだ実方墓前の形見の薄があって芭蕉としてはぜひとも寄って見たかったところだったと思われる。事実はうっかりと

道祖神の社　芭蕉は雨のために寄っていない

通り過ぎたのであったが、道中既に潤色して、雨のために断念したとする句文を草している。「俳諧書留」に記される「中将実方の塚の薄も、道より一里ばかり左りの方にといへど、雨ふり日も暮に及《およ》び侍れば、わりなく見過しけるに、笠嶋といふ所にといづるも五月雨の折にふれければ」という前書を付した、

笠嶋やいづこ五月のぬかり道

は、仙台で泉屋甚兵衛に書き贈ったものと記すが、この人物は不明で、甚兵衛に贈った現物は伝わらない。しかし、道中に取材して草した句文の中で多くのバリアントと真蹟の残る点では、同じころに加右衛門に贈った「しのぶ摺」句文と並ぶものである。『奥の細道』には、「此頃の五月雨に道いとあしく、身つかれ侍れば、よそながら眺やりて過るに、箕輪・笠嶋も五月雨の折にふれたりと」として、初五を「笠嶋は」と改めて用いるが、なお野坡本には当初狂歌「旧《ふる》あとのいかに降けむ五月雨の名にもある哉みのわ笠しま」も記し、貼り紙で消している。なお、『奥の細道』は、笠嶋・武隈の松の順に記し、岩沼に宿した後に武隈の松を

見たとしているが、岩沼には宿していない。

芭蕉と曾良は、先を急いで中田を出た所で名取川を越える。日記には「大橋・小橋二つ有」と記す。「大橋」が名取川橋、「小橋」が笊川橋を指す。二つの橋を越えて長町を出た所でさらに若林川を越えると仙台町だと記す。夕方に到着、国分町の大崎庄左衛門に宿した。

12　仙台

『奥の細道』の仙台の条は次のようにはじまっている。

名取川を渡て仙台に入《いる》。あやめふく日也。旅宿をもとめて四、五日逗留す。爰《ここ》に画工加右衛門と云ものあり。聊《いささか》心ある者と聞て、知る人になる。この者、年頃《としごろ》さだかならぬ名どころを考置侍ればとて、一日《ひとひ》案内す。

「あやめふく日」とは、端午節句の前日、すなわち五月四日をさす。

一　五日　橋本善衛門殿へ之状、翁持参。山口与次衛門丈ニ而《て》宿へ断《ことわり》有。須か川吾妻《あづま》五良七より之状、私持参、大町弐丁目、泉屋彦兵へ内、甚兵衛方へ届。甚兵衛留主。其後、此方へ見廻《みまひ》、逢也。三千風《みちかぜ》尋ルニ不知《しれず》。其後、北野や加衛門(国分町より立町へ入、左ノ角ノ家の内)ニ逢、委知ル。

一　六日　天気能《よし》。亀が岡八幡へ詣。城ノ追手《おふて》より入。俄ニ雨降ル。茶室へ入、止テ帰ル。
一　七日　快晴。加衛門(北野加之)同道ニ而《て》権現宮を拝。玉田・横野を見、つゝじが岡ノ天神へ詣、木の下へ行。薬師堂、古《いにし》へ国分尼寺之跡也。帰リ曇。夜ニ入、加衛門・甚兵へ入来《じゅらい》。冊(短)尺并横物一幅づゝ翁書給《かきたまふ》。ほし飯一袋・わらぢ二足、加衛門持参。翌朝、のり壱包持参。夜ニ降。

五日早々に芭蕉は橋本善右衛門まで手紙(紹介状だろう)を持っていったが会えなかったようで、山口与次衛門丈という人物が宿に「断《ことわり》」を告げにきた。幼くして四代伊達藩主となった綱村のお懐守《だきもり》だったのが善右衛門高信だったが、貞享四年に歿していて、当時はその子の善右衛門伸行が当主だった。高信・伸行ともに能・連歌をたしなむ風流の人だったが、病気静養中であったために芭蕉の世話を断ったのだと金沢規雄氏は推測している。六百石という高禄の武士への紹介状を書いたのであれば、これも金沢氏の推測するように「黒羽か江戸のかなりの有力者」であったろう。自ら面倒を見なくてもよいわけであるから、それを「断」だけで済ますのには不審が残るが、はっきりしたことは分からない。

善右衛門家に断られて後か同時にか不明だが、曾良は須賀川の吾妻五郎七の書状を大町二丁目泉屋彦兵衛方の甚兵衛まで届けに行った。留守で、後刻同人が訪ねてきて会う。先に記したように「笠嶋や」句文を書き贈った人物である。この人物に大淀三千風《みちかぜ》のことを聞いたが知らないと言い、その後、北野屋加右衛門に会って、詳しい様子が分かる。加右衛門の家は、国分町から立町に入った左の角だと日記に記している。『奥の細道』の「画工加右衛門」である。

三千風は、伊勢射和《いざわ》の人だが、寛文九年に松島に行き、やがて仙台に居を移していた。天和二年に『松嶋眺望集』を刊行したが、そこには芭蕉の句も入集しているし、事実、芭蕉がこの集を読んでいたことは『奥の細道』執筆に際して参考にしていたと考えられることからも間違いない。仙台に来たのだから三千風に会いたいと思ったのだろうが、三千風は天和三年四月、後に『日本行脚文集』として出版される紀行の長旅に出てしまっていた。それから六年、三千風を知る人は少なくなっていたのだろうと岡本勝氏は推測する。

加右衛門は、加之《かし》という号の三千風門の俳人で、出発に当たって三千風は加之に宗匠の位置を譲っていた。これも岡本氏の推測だが、若く人柄のよいことから三千風は仙台俳壇の将来を加之に託したけれども、古い門人の中には三千風が加之に目を懸けるのを快く思わない人物もいて、結局、加之は俳壇から身を退くことになったのだろうという。俳壇を去っていた加右衛門に頼ったために芭蕉はこの地の俳人と交わることなく、その故に、蕉風化していく奥州俳壇の中にあって仙台だけがこの後も長く三千風流の俳諧が主流となっていたと、これも岡本氏の考証である。もっとも、芭蕉は、四月二十六日付で杉風に書き送った手紙に、

ここから仙台までは風雅人も見えないということです。一日か二日の頃、仙台へ到着するでしょう。三千風が仙台へ帰ってきて、むさとした荒れ俳諧が流行っているという噂で、仙台での

榴岡の天神

　風流は望みがありません。

ということを記していた。「仙台での風流」とは、この地の人々との俳諧を指して言っていると思う。

　六日はよい天気になった。芭蕉と曾良は、城の大手門を経て亀岡八幡宮に参詣したが、にわか雨に遭い、神社の茶屋で休憩した後、雨が止んでから宿に帰った。翌七日は快晴、加右衛門が仙台を案内してくれた。まず権現宮(東照宮)に参り、歌枕である玉田・横野、榴《つつじ》岡《がおか》の天神、木の下の薬師堂と巡った。帰りに空が曇ってきたという。つつじが岡・木の下も歌枕。この頃、仙台藩では官民一緒になって歌枕の調査整備が行なわれていて、加右衛門もその事業に関わった一人であったという。

　夜、加右衛門と甚兵衛が宿に来た。先に記した横物一幅ずつを両人に贈ったのは、この折である。甚兵衛には「関守」の短冊、加右衛門には「笠嶋や」の短冊も与えている。加右衛門は、干し飯一袋と草鞋二足を贈ってくれた。夜に入って雨になる。

13　塩竈まで

一　八日　朝之内小雨ス。巳《み》ノ尅より晴ル。仙台ヲ立。十符菅・壺碑ヲ見ル。未《ひつじ》ノ尅、塩竈ニ着、湯漬など喰。末ノ松山・興井《おきのゐ》・野田玉川・おもハくの橋・浮嶋等ヲ見廻リ帰。出初ニ塩竈ノかまを見ル。宿、治兵へ。法蓮寺門前。加衛門状添。銭湯有ニ入。

八日早朝、加右衛門が見送りに来て海苔一包を持参した。朝の内は小雨だったが、巳の刻に晴れて仙台を発つ。紺の染緒を付けた草鞋を貰ったことを喜んで、

あやめ草足に結《むすば》ん草鞋《わらぢ》の緒

と詠んだというのは『奥の細道』における創作である。

金沢氏の著書によると、当時の街道は、仙台の原町から松原街道を経て案内に出、善応寺の東比丘尼坂をのぼり、岩切今市の街村を通って岩切橋を渡り東光寺の門前に出るコースだという。芭蕉たちも、このコースを辿ったと考えてよい。『奥の細道』に「かの画図にまかせてたどり行《ゆけ》ば」と記すのは、たぶん事実だろう。曾良日記には仙台の地図が記されているが、これは加右衛門の絵を

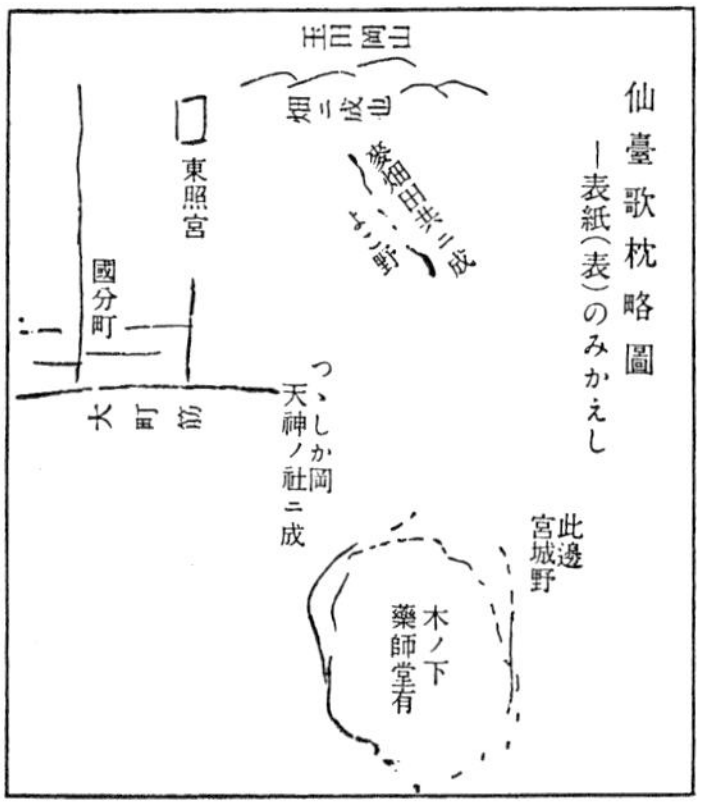

図2　曾良が加右衛門の絵を写したと思われる図(杉浦正一郎校注『芭蕉 おくのほそ道』による)

写したものだと想像されるし、『奥の細道』には「松嶋・塩がまの所々画に書《かい》て送る」とも記す。

途中、まず歌枕の十符《とふ》の菅《すげ》を見る。「みちのくの十ふの菅菰七ふには君を寝させて我三ふに寝む」の古歌で知られる。「おくの細道の山際に十符の菅有《あり》。今も年々十符の菅菰を調て国守に献ずと云《いへ》り」と『奥の細道』に記すが、曾良日記の「名勝備忘録」には、今市を北へ抜けて大きな土橋があり、その北詰から六、七町西へ行った岩切新田という所の谷間の百姓屋敷の内にあるもので、囲い垣がしてある旨を記す。因みに、平成十二年秋に私が行ったところ、数年前まで市役所で世話をしていたが、今は無くなっているということだった。東光寺よりも手前を左に入って少し登ったところである。「名勝備忘録」によることを続ければ、今も十符の菅菰を製して献じているが、原料が不足するので近年になって田の脇にも植え、ここにも囲いをしてあるので、ここを旧跡だと思って見て通る人が多いという。この田の道が歌枕の奥の細道であるとする。岩切は塩竈街道と松島街道の分岐点だった。

東光寺の前をさらに東に進んで、今の多賀城市に入る。多賀城は、大和政権が蝦夷鎮圧の根拠地として鎮守府などを置いた所だが、江戸時代に入って伊達綱村の代に市川村多賀城址から古碑が発掘された。この多賀城碑が、坂上田村麻呂が「日本中央」と彫ったと伝えられる歌枕の壺碑《つぼのいしぶみ》だとされていて、芭蕉もここを訪れる。

むかしよりよみ置《おけ》る歌枕、おほく語伝《かたり》ふといへども、山崩《くづれ》川流《ながれ》て道あらたまり、石は埋《うづもれ》て土にかくれ、木は老《おい》て若木にかはれば、時移り、代変じて、其《その》跡たしかならぬ事のみを、爰《ここ》に至りて疑なき千歳の記念《かたみ》、今眼前に古人の心を閲《けみ》す。行脚の一徳、存命の悦び、羇旅の労をわすれて、泪も落《おつ》るばかり也。

と感動を記す『奥の細道』の一節は、実感であっただろう。すなわち今まで見てきた古歌に詠まれた歌枕(名所《などころ》)はいずれも昔の姿をとどめていなかったが、ここではじめて千年も昔の面影をしのぶことができたというのである。このような経験が、多分、道中で発見したという「不易流行」の理念につながったのであろう。日記には「壺碑ヲ見ル」と記すのみだが、『奥の細道』には「高さ六尺余、横三尺計《ばかり》歟。苔を穿《うがち》て文字幽《かすか》也。四維《しゐ》国界之数里をしるす」と様子を描写している。当時は苔むしていたのだろうが、今は碑面をきれいに洗って覆いをかぶせてある。芭蕉・曾良両人ともこの碑面を写し取ったらしく、曾良は日記

壺　碑

沖の石(沖の井)

に写し、芭蕉は後に故郷に帰ったとき清書したものを土産として半残《はんざん》と猿雖《えんすい》に贈っている。

塩竈街道に戻った芭蕉と曾良は、末の刻に塩竈に着き、遅い中食に湯漬けなどを食した。そして、塩竈の釜を見てから、末の松山・興井《おきのい》・野田玉川・おもわくの橋・浮嶋などの歌枕を見巡った。末の松山は、「君をおきてあだし心をわが持たば末の松山浪も越えなむ」以下の歌で知られる歌枕。『奥の細道』に記されるように寺が建てられていて、慶長十六年(一六一一)に宝国寺と改称された。芭蕉の訪れたころは今と違って海も見え、松山の姿も残っていたらしい。興井(沖の井)は沖の石と同じ。二条院讃岐の「わが袖は汐干に見えぬ沖の石の人こそ知らね乾くまもなし」による歌枕だが、宝国寺の近くの小池の中にあって、今は歌を偲ぶよすがもない。桃隣の記載でも「三間四方の岩、廻りは池也《なり》」とあって(『陸奥衛』)、現状とほぼ同じであった。野田玉川は、六玉川の一で、能因の「夕されば汐風越してみちのくの野田の玉川千鳥鳴くなり」によって別名を千鳥の玉川という。おもわくの橋は、留ヶ谷村の野田玉川に架けた橋。天和四年に佐久間洞厳が西行歌「ふまばうきもみぢのにしきちりしきて人もかよはぬおもはくの橋」に因んで紅葉を植えて整備したと『奥羽観蹟聞老志』(享保四年)に記される。浮嶋は、塩竈神社の末社となっていた浮島神社。山口女王の歌に「塩釜の前に浮きたる浮嶋のうきて思ひのある世なりけり」とあるが、多賀城の近く。

この夜は、加右衛門の紹介状により法蓮寺門前の治兵衛というところに宿った。銭湯があって入浴したと日記に記す。盲目の法師が琵琶で語る奥浄瑠璃を聞いたとする『奥の細道』の記述は、事実かどうか不明。

14　塩竈明神・松島

一　九日　快晴。辰《たつ》ノ尅、塩竈明神ヲ拝。帰而《かへりて》出船。千賀ノ浦・籬《まがきが》嶋・都嶋等所々見テ、午《うま》ノ尅松嶋ニ着船。茶ナド呑テ瑞岩寺詣、不残《のこらず》見物。開山、法身和尚(真壁平四良)。中興、雲居。法身ノ最明寺殿被宿《やどさるる》岩屈(窟)有。無相禅屈(窟)ト額有。ソレヨリ雄嶋(所ニハ御嶋ト書)所々ヲ見ル(とみ山モ見ユル)。御嶋、雲居ノ坐禅堂有。ソノ南ニ寧一山ノ碑之文有。北ニ庵有。道心者住ス。帰而《かへりて》後、八幡社・五太堂ヲ見。慈覚ノ作。松島ニ宿ス。久之助ト云。加衛門状添。

塩竈明神の「古き宝燈」

五月九日は快晴だった。辰の刻に塩竈神社に参拝する。これは、『奥の細道』本文にも「早朝、塩がまの明神に詣《まうづ》」と活かされているとおりである。鎌倉時代初期から陸奥国一宮《いちのみや》として信仰を集めていたとされる。慶長十三年(一六〇八)に伊達政宗が修営、寛文三年(一六六三)に完成した。芭蕉は、出発前の閏正月ころ執筆の書簡で「弥生に至り、待佗候《まちわび》塩竈の桜、松島の朧月」と記し、二月十六日付の書簡でも「松島の月の朧なるうち、塩竈の桜ちらぬ先に」と、この地へ来るのを楽しみにしていたのであった。予定より遅れて夏になったのは、余寒が厳しいと白河からの便りがあって杉風が出立を引き留めたからである。日記には記されないが、青葉の塩竈桜《しおがまざくら》も見たことであろう。花弁に皺のある八重の花で、今は天然記念物に指定されている。『奥の細道』に「古き宝燈」と記される神灯も見たに違いはあるまい。「かねの戸びらの面」の右に「奉寄進」、左に「文治三年七月十日和泉三郎忠衡《ただひら》敬白」と記される。三千風の編んだ『松嶋眺望集』(天和二年)には「再興寛文年中仙台堺氏宗心」と記されているもので、芭蕉の見たのは、この再興されたものであった。和泉三郎忠衡は、藤原秀衡《ひでひら》の三男、父の遺命を守って義経を守り、兄泰衡《やすひら》の攻撃を受けて自害した。『奥の細道』に「勇義忠孝の士也」と記すのは、このことによる。

その後、舟で松島に向かう。今回の奥羽行脚で松島は芭蕉にとって真っ先に行きたかったところであったと、残される書簡などから推測される。

たぶん小舟で岸に沿って行ったのであろう。日記には「千賀ノ浦・籬嶋《まがきがしま》・都嶋等所々見テ」と記すが、曾良が出発前に作って携行した「名勝備忘録」にも「千賀塩竈」「籬嶋」「都嶋」の記載が見える。「千賀ノ浦」は今の塩竈湾。「籬嶋」は塩竈湾内の小島で「わが背子を都にやりて塩竈の籬の島の松ぞ恋しき」(『古今集』)などで知られる歌枕。「抑《そもそも》ことふりにたれど、松島は扶桑第一の好風にして、凡洞庭《およそどうてい》・西湖を恥《はぢ》ず」にはじまる『奥の細道』の描写は、元禄三年頃に草された「松島ノ賦」(『本朝文選』所収)を約めて用いたものである。

午の刻に松島に着く。茶などを飲んでから瑞巌寺《ずいがんじ》に詣でた。鎌倉時代、北条時頼が宋から帰朝した法身和尚を呼んで禅寺として再興、江戸時代初期に伊達政宗が再建して青龍山瑞巌寺と改めて伊達家の菩提寺とし、寛永十三年に雲居《うんご》禅師が住職となって中興した。芭蕉が訪れたのは、それから五十三年後のこととなる。残らず見物したといい、時頼が宿した岩窟に「無相禅窟」(正しくは「法身無相窟」)と書いた額の掛けてあることを記す。

瑞巌寺参詣を終わってから雄島見物に行く。『奥の細道』に「雄嶋が磯は地つゞきで海に出《いで》たる嶋也」とするが、海岸から少し離れていて橋を架けて通じるようにしてある。日記に「道心者住ス」とあるのが、『奥の細道』の「松の木陰に世をいとふ人も稀〳〵見え侍りて」に反映する。雲居禅師の坐禅堂、その南側に元国の僧侶・寧一山の書になる碑(頼賢碑)、北に庵がある旨も記す。この

松島湾

庵に住する「道心者」の名は、『松嶋眺望集』によれば一花《いっか》庵洞水《あんとうすい》と言ったが、芭蕉の赴いた折も同じ人物だったかどうかは分からない。

岸に戻って、八幡社、そして五大堂を観る。日記には五大堂について「慈覚ノ作」と注記するが、現在の五大堂は、慶長九年に正宗が修造したもの。坂上田村麻呂が建立した毘沙門堂を、慈覚大師が大聖不動明王を中心とした五大明王を祀ったのに始まる。

この日は、加右衛門の紹介状によって松島の久之助（または久良助）という者に宿す。『奥の細道』によれば、当時としては珍しく二階建てだったようだ。同じく、『奥の細道』に「旧庵をわかるゝ時、素堂松嶋の詩あり。原安適《はらあんてき》松がうらしまの和歌を贈らる。袋を解《とき》てこよひの友とす。且、杉風・濁《ぢよく》子《し》が発句あり」と書かれるのも、事実に近いことだったと思われる。素堂《そどう》は芭蕉が江戸に出て来たころからの友人、原安適は医師で当時の江戸歌壇の雄、濁子《じよくし》は江戸詰の大垣藩士。武隈の松のところに記される挙白の発句などと一緒に餞別の帖に記されていたのだろうと想像する。これが『奥の細道』の始めに記される「さりがたき餞」だとも思う。なお、素堂の詩を錦江《きんこう》著『奥細道通解』(安政五年成)に「家集」によるとして注記するのは、『素堂家集』に見えず存疑。

芭蕉の松島の句、

島〴〵や千々にくだきて夏の海(『蕉翁全伝付録』)

は曾良の「書留」に記されない。あるいは、行脚後に案じられたものか。また、『奥の細道』に記される曾良の、

松嶋や鶴に身をかれほとゝぎす

も「書留」に記されず、『猿蓑』に前書を付して載るもので、これも、後の作かと考えられる。「松島ノ賦」は、後に『猿蓑』文章篇に収めるべく草したもの。文章篇が成就しなかったため、後年に『本朝文選』に収められたものと考えられる。

ところで、芭蕉が松島で句を作れず、

あゝ松島や松島や

とつぶやいたという話がある。先に掲げたように松島で芭蕉は作句しているのだが、『奥の細道』

には記さないので、このような話が生まれたのだろうか。復本一郎氏の教示によれば、『松嶋図誌』（文政三年）という本に、

松嶋やさてまつしまや松嶋や　相模州田原坊

の句を収め、その後に松島に来た芭蕉が、風景のあまりの美しさに句を詠めなかったという話を載せる。直接かどうかは分からないが、この記事を混同して「あゝ松島や」の話が生まれたのかも知れない。

『三冊子《さんぞうし》』に「師のいはく、絶景にむかふ時はうばはれて不叶《かなはず》」と芭蕉の言葉を引き、「師、まつ嶋にて句なし。大切の事也」と言う。先の白河関の条でも芭蕉句を記さず曾良句のみを記していたし、『笈の小文』の吉野紀行の条には「われ言はんことばもなくて、いたづらに口を閉ぢたる、いと口惜し」と書いている。尾形仂氏は「景にあうては唖す」という、一種の文学的姿勢にもとづく感動の表白と見るべきだとされる。

三　平泉と心ざし――石巻から尿前関

15　石巻

一　十日　快晴。松嶋立(馬次ニ而《て》ナシ。間廿丁計)。馬次、高城《キ》村、小野(是より桃生郡。弐里半)、石巻(四里余)、仙台より十三里余。小野ト石ノ巻(牡鹿郡)ノ間、矢本新田ト云町ニ而《て》咽乾《のどかわき》、家毎ニ湯乞共不与《こへどもあたへず》。刀さしたる道行人、年五十七、八、此躰《このてい》を憐《あはれみ》テ、知人ノ方へ壱町程立帰《たちかへり》、同道シテ湯を可レ与《あたふべき》由ヲ頼。又、石ノ巻ニテ新田町四兵へと尋、宿可借之《かるべきの》由云テ去ル。名ヲ問、ねこ村(小野ノ近ク)、コンノ源太左衛門殿。如教《をしへのごとく》、四兵へヲ尋テ宿ス。着ノ後、小雨ス。頓而《やがて》止ム。日和山と云へ上ル。石ノ巻中不残《のこらず》見ゆル。奥ノ海(今ワタノハト云)・遠嶋・尾駮《をぶち》ノ牧山、眼前也。真野萱原《まののかやはら》も少《すこし》見ゆル。帰ニ住吉ノ社参詣。袖ノ渡リ、鳥居ノ前也。

十日、快晴の中に松島を発った。『奥の細道』には「十二日平和泉《ひらいづみ》と心ざし」て松島を出発したように記すが、これは「十月十二日、ひらいづみにまかりつきたりけるに」という『山家集』の記載によったものである。二十町ばかりで最初の馬次《うまつぎ》である高城《たかき》村に至る。ここのあてら坂から桃生郡石巻《いしのまき》へ向かう街道と志田郡松山へ向かう街道とに分かれているが、芭蕉たちは石巻街道を進む。宮城郡と桃生郡の境の近くに富山《とみやま》という標高一一六・八メートルの山があるが、これが後に「松島四大観」と言って松島を観るに格好の場所とされた一つである(舟山万年『塩松勝譜』)。日記の瑞巌寺の所に「とみ山モ見ユル」と記されていて、曾良は逆に瑞巌寺からこの山を見たことになる。

小野を経て石巻に至る途中、矢本新田という町で曾良は(芭蕉もだろう)ノドが乾き家毎に湯を乞うたがどこもふるまってくれない。困っていたところ、年ごろ五十七、八歳の刀を差して道を行く人に出逢い、この人物が気の毒に思って一町ほど後戻りして知人宅まで同道して頼んでくれた。その上、石巻で新田町の四兵衛を訪ねて宿を求めたらよいと告げて立ち去った。名を聞くと小野の近くの根古村の「コンノ源太左衛門」と言う。天保年間ころの『奥の細道下露抄』には、この人物は今野源兵衛で、小野の城主伊東肥前の家老であったというが、確証はない。「人跡稀に雉兎蒭蕘《ちとすうぜう》の往《ゆき》かふ道、そこともわかず、終《つひ》に路ふみたがえて石の巻という湊に出《いづ》」とする『奥の細道』の記述は、もちろん創作である。

教えられたとおりに四兵衛方に宿す。到着後、小雨が降ったがすぐに止み、日和山《ひよりやま》に登る。石巻は北上川が石巻湾に注ぐ所にある河口港で、『奥の細道』に記されるとおり、当時は、産米の積出港として大いに賑わっていた。「数百の廻船入江につどひ人家地をあらそひて」という描写は、た

ぶん実景によるものだろう。日和山からはその石巻港が一望に見渡せ、日記には、

奥ノ海（今ワタノハト云）・遠嶋・尾駮《をぶち》ノ牧山、眼前也。真野萱原《まののかやはら》も少《すこし》見ゆル。

と記される。「尾駮ノ牧」は石巻の市街地から東に一里ほどの所にある丘、「真野萱原」はその東北にある。共に歌枕。「奥の海」も歌枕の名称としてよい。「ワタノハ」は渡波で、今は石巻市に属する。「遠嶋」は、トシマと読んで、仙台地方で牡鹿半島を指すことばとして用いられているという。

日和山から見た石巻港

金沢規雄氏は、芭蕉たちは、奥州街道に戻って「あねはの松・緒だえの橋」を訪れるべきか「袖渡・奥海・尾駮御牧・真野萱原・金花山」のある石巻方面への道をとるべきか迷って、結局、金華山のある石巻方面に誘引されたと見るべきだとされる。『奥の細道』に「あねはの松・緒だえの橋など聞《きき》伝《つたへ》て」と記される「あねはの松」は、栗原郡金成《かんなり》町（現・栗原市）姉歯字梨崎にある『伊勢物語』に基づく歌枕。「緒だえの橋」も歌枕で、野田の玉川に架かる橋と言うが、志田郡古川に架かる橋という説もあり、『陸奥鵆』には、塩竈六社の前にあると記した後、平泉を越えて古川宿の箇所に「此《この》橋の名、

爰《ここ》かしこにありて、以上四つは覚《おぼえ》たり。何《いづれ》も故有事《ゆゑあること》にや」と記している。金沢氏によれば芭蕉が思っていたのは古川の橋だろうという。「緒だえの橋」の記載は曾良日記にない。

『奥の細道』に「金花山、海上に見わたし」と記すのは、日和山からの眺望のような感じの書き方になっている。この「金花山」は、天平二十一年(七四九)に金が産出したとされる島。近代になって実際の産地は遠田郡涌谷町の山地であったと確認されたが、古くはこの「金花山」がそれだと信じられていた。『万葉集』の家持の「すめろぎの御代《みよ》栄えむとあづまなるみちのくやまに黄金《くがね》花咲く」の歌でしられる歌枕。実際には、日和山からは牡鹿半島の陰に隠れて見えないが、曾良は「名勝備忘録」に「仙台よりモ見ユル。石ノ巻・松嶋よりハ猶近ク見ユル。高山也。嶋也」と記している。

日和山の帰りに住吉神社に参詣。歌枕の「袖ノ渡リ」は鳥居の前にあると記す。住吉神社の前の北上川の中に小さな島(御島)があって、その島に生える松の枝の下に巨石がある。ここがまだ入江だった時代、干満の際の潮流が激しくこの石を巡って大きな渦が巻いていた。そこで、この石を巻石と言ったのが、石巻の地名の謂われになったのだと伝えられる。「袖ノ渡リ」というのは、義経が舟賃の代わりに鎧の片袖を切って渡したのでこの名が付いたという伝説があるが、歌枕の発生は義経以前に遡る。

16　平泉へ

一　十一日　天気能《よし》。石ノ巻ヲ立。宿四兵へ、今一人、気仙《けせん》へ行トテ矢内津迄同道。後、町ハヅレニテ離ル。石ノ巻二リ、鹿ノ股。飯野川（一リ余渡有。三リニ遠し。此間、山ノアイ、長キ沼有）。矢内津（一リ半、此間ニ渡し二ツ有）。曇。戸いま（伊達大蔵・検断庄左衛門）、儀左衛門宿不借《やどかさず》、仍《よつて》検断告テ宿ス。

一　十二日　曇。戸今を立。三リ、雨降出ル。上沼新田町（長根町トモ）。三リ、安久津（松嶋より此迄両人共ニ歩行。雨強降ル。馬ニ乗）。一リ、加沢。三リ、一ノ関（皆山坂也）。黄昏ニ着。合羽モトヲル也。宿ス。

一　十三日、天気明。巳《み》ノ剋ヨリ平泉へ趣。一リ、山ノ目。壱リ半、平泉（伊沢八幡壱リ余リ奥也）へ以上弐里半ト云ドモ弐リニ近シ。高館（衡）・衣川・衣ノ関・中尊寺・光堂（金色寺、別当案内）・泉城・さくら川・さくら山・秀平やしき等ヲ見ル。泉城ヨリ西霧山見ゆルト云ドモ見ヘズ。タツコクガ岩ヤヘ不行《ゆかず》。三十町有由《あるよし》。月山・白山ヲ見ル。経堂ハ別当留主ニテ不開《あかず》。金雞山見ル。シミン（新御）堂、无量劫院《むりやうこふゐん》跡見、申《さる》ノ上剋帰ル。主《あるじ》、水風呂《すいふろ》敷（ママ）ヲシテ待。宿ス。

十一日、石巻を出立した。天気「能《よし》」。気仙に行くという宿の四兵衛ともう一人と同道、二里ほど行って鹿股《かのまた》、そこから(金沢氏の推定によれば)北上川の対岸に渡り、川沿いに飯野川まで行く。この途中の「山ノアイ、長キ沼有《あり》」と日記に記されるところが『奥の細道』本文の「心細き長沼にそふて」という表現の元となったようだ。柳津《やないづ》(日記には矢内津。現・登米市内)に着いたときは曇になっていたが、ここの町はずれで四兵衛らと別れる。

この日は登米《とよま》に宿泊する。日記には「戸いま(伊達大蔵・検断庄左衛門)」と書くし、『奥の細道』本文には「戸伊摩」と記す。トヨマをトイマと聞いたのであろうか。伊達綱宗の四男村直(大蔵)二万石の城下町であった。日記には儀左衛門「宿不借《やどかさず》」と記す。今までの例から考えると、前日に宿した四兵衛から紹介状を得ていたと考えて不思議ではない。それにも関わらず、なぜか宿を断られている。ともあれ、こういう時の通例に従って、「検断」の庄左衛門に頼み込んで泊めてもらう。「検断」は、駅内の取締を任されていた。今、北上川の堤防に「芭蕉一宿之地」と碧梧桐が記した碑が建っているが、この堤防の下に「検断屋敷」があったという。

十二日、曇天の中を、北上川に沿って北に向かう一関街道を行く。三里ほど行った上沼新田町(長根町ともいう)のあたりで雨が降り出し、さらに三里行った湧津《わくつ》(日記には安久津)で雨が強くなったために二人とも馬に乗ることにした。松島からここまで両人とも歩行であったのが、初めて馬に乗ったと日記に記している。一里行って金沢《かざわ》(日記には加沢)。夕方に一ノ関に到着したが、金沢から一ノ関までの三里は皆山坂で、雨のために合羽もとおるばかりだったと記す。

ところで、金沢から一ノ関までの道は日記に記されていない。安永四年（一七七五）の『磐井郡流金沢村風土記御用書出』から、金沢→大門→鬼死骸→一ノ関という本道の他に、金沢→飯倉→細田→一ノ関と通る脇道の二つのルートのあったことが分かり、小林文夫氏は、距離もほぼ同じなので、当日の天候状態から見て奥州街道を含む本道を通ったと推測されている。妥当な見解であろう。元禄九年に芭蕉の跡を辿った桃隣も、「清水《シミズ》ヲ離《はなれ》テ高館の大門アリ。平泉ヨリ五里手前、城郭惣構《そうがまへ》なり。少行《すこしゆき》テ一ノ関……」（『陸奥衛』）と記していて、本道を通ったものと察せられる。「清水」は、正しくはシズ。「大門」は、『奥の細道』に「大門の跡は一里こなたに有《あり》」と記される「大門」だとする考えもある。なお、小林氏に先立って、金沢氏は、登米懐古館蔵の元禄期の絵図に金沢から金沢川北岸を一ノ関に向かうのと、金沢→清水→一ノ関と金沢川を二度渡る二つの街道（大門坂の付近で合流する）があったことを確認し、清水を通らない前者をとったものと推測されているが、その根拠ははっきりしない。

十三日は天気が回復。ゆっくりと休んで巳の刻に平泉に赴く。山目《やまのめ》（現・一関市）を経て平泉に着いた。二里半というが、実際は二里に近いと記す。

『奥の細道』の平泉の条は、次のようにはじまる。

三代の栄耀一睡《えいえういつすい》の中《うち》にして、大門の跡は一里こなたに有。秀衡《ひでひら》が跡は田野《でんや》に成て、金鶏山のみ形を残す。先高館にのぼれば、北上川南部より流るゝ大河也。衣川は和泉が城をめぐりて、高館の下にて大河に落入《おちいる》。康衡《やすひら》等が旧跡は、衣が関を隔《へだて》、南部口《なんぶぐち》をさし堅め、夷《えぞ》をふせぐとみ

高館跡から見た北上川

えたり。

日記に見える所を記す。まず「秀平(衡)やしき」に行ったことだろう。秀衡が歿した伽羅御所址のことと思われる。伽羅御所の北隣にあったのが新御堂こと無量光院で、その遺構も見ている。なお、「新御堂」は宇治平等院に対する名称で、訛ってシミンドウと言った(『平泉志』)。金鶏山は、ここから西方に見える。次いで「高館」に登って、天和三年に建立された義経堂を見たはずである。高館と中尊寺の間に歌枕「さくら川」があり、歌枕「衣ノ関」は、中尊寺の入り口の月見坂だと信じられていたそうだ。歌枕「さくら山」は束稲山《たばしねやま》のことだと言い、同じく歌枕の衣川と共に月見坂からよく見える。

「中尊寺」は慈覚大師の開基だが、大規模な寺院としたのは藤原清衡であった。金色寺の別当の案内で「光堂」を拝したが、「経堂」(経蔵)は大長寿院西谷坊の経蔵別当が留守のために参観できなかった。なお、金色堂保存のために造られた覆堂《さやどう》は何度か修復が施されていると考えられるが、芭蕉が見たのは南北朝末期の修造か、はっきりとしないそうである。日記に見える「白山」は白山神社。「泉城《いずみがじょう》」は中尊寺の西北十町ほどの所にあった和泉三郎の居城跡と伝えられる所。塩竈神社の「宝燈」を寄進した忠衡のことである。泉が城から「霧山」が見えるはずだが、見えなかったとも記す。日記に記す「月山」は、月山社のことで、泉が城の北にある。

毛越寺《もうつうじ》から巌美渓《がんびけい》に通じる途中に「達谷窟《たつこくのいわや》」があるが、三十町ほどもあるので行くのを止めたと、わざわざ記している。芭蕉が平泉見物に要した時間は三時間ほどだったと、久富哲雄氏は推定されている（『奥の細道の旅ハンドブック』）。早足の見物だった。

『奥の細道』の、

夏草や兵《つはもの》どもが夢の跡

五月雨や年〳〵降て五百たび

蛍火の昼は消《きえ》つゝ柱かな

は『猿蓑』に入集するが、道中の作ではないだろう。自筆本（野坡本）『奥の細道』に記される、

五月雨の降《ふり》のこしてや光堂

は『奥の細道』執筆中に案じられたものだが、素龍清書の段階で抹消され、新たに案じた、に一本化された。曾良の句として出る、

卯の花に兼房《かねふさ》みゆる白毛《しらが》かな

は、『奥の細道』執筆中に芭蕉が作ったものであろう。

「福島から白石へ」の項にも記したが、医王寺・伊達の大木戸・忠衡寄進の宝燈(塩竈明神)と、義経(奥州藤原氏)ゆかりの所が現れて、この平泉でピークに達する。この後は、最上川の条の仙人堂が名残のように記されるだけで、義経に関する事柄は全く消え、代わりに木曾義仲にゆかりのことが記されるようになる。太平洋側と日本海側の真ん中でもあり、実際の道中からも『奥の細道』の構成からも、この平泉が中心であった。

申の上刻(午後四時前後)に一ノ関の宿に戻ったら、主が水風呂《すいぶろ》をたてて待っていてくれた。この「主」については口碑があって、地主町の金森かとされる。芭蕉来遊時の金森家の当主であった利平助は、宝永元年(一七〇四)の歿。代々旅宿を業としていたといい、芭蕉がここに二夜泊まったところから後に二夜庵と称するが、資料的に裏付けられるものは無い。むしろ、郷土史家の小松彦兵衛氏の言われるように、「検断」の白土《しらと》家であった可能性が高いと小林氏は記している。

17　尿前関

一　十四日　天気吉。一ノ関(岩井郡之内)ヲ立。四リ、岩崎《いはがさき》(栗原郡也。一ノハザマ)、藻庭大隅。三リ、真坂(栗原郡也。三ノハザマ、此間ニ二ノハザマ有)。岩崎より金成《かんなり》へ行《ゆく》中程ニつくも橋有。岩崎より壱リ半程、金成よりハ半道程也。岩崎より行《ゆけ》ば道より右ノ方也。

〔真坂〕四リ半、岩手山(伊達将監)。やしきモ町モ平地。上ノ山は正宗ノ初ノ居城也。杉茂リ、東ノ方、大川也。玉造川ト云《いふ》。岩山也。入口半道程前より右へ切レ、一ツ栗ト云村ニ至ル。小黒崎可レ見《みるべし》トノ義也。二リ余、遠キ所也故、川ニ添廻テ、及暮《くれにおよび》岩手山ニ宿ス。真坂ニテ雷雨ス。乃《すなはち》晴、頓而《やがて》又曇テ折々小雨スル也。

中新田町　小野田(仙台より最上へノ道ニ出合)　原ノ町　門沢(関所有)

漆沢　軽井沢　上ノ畑　野辺沢　尾羽根沢　大石田(船乗)

岩手山より門沢迄、すぐ道も有也。

一　十五日　小雨ス。右ノ道遠ク、難所有之《これある》由故、道ヲかへテ、二リ、宮○壱リ半、かぢハ沢。此辺ハ真坂より小蔵ト云かゝりテ、此宿へ出タル、各(格)別近シ。

○此間、小黒崎・水ノ小嶋有。名生貞《ミヤウサダ》ト云村ヲ黒崎ト、所ノ者云也。其ノ南ノ山ヲ黒崎山ト云。名生貞ノ前、川中ニ岩嶋ニ松三本、其外小木生テ有、水ノ小嶋也。今ハ川原、向付タル也。古《いにしへ》ハ川中也。宮・一ツ栗ノ間、古ヘハ入江シテ、王造江成《たまつくりえなり》ト云。今、田畑成也。

壱リ半尿前《シトマヘ》。シトマヘ、取付左ノ方、川向ニ鳴子ノ湯有。沢子ノ御湯成ト云。仙台ノ説也。関所有。断六ケ敷《ことわりむつかしき》也。出手形ノ用意可有之《これあるべき》也。壱リ半、中山。
○堺田（村山郡小田嶋庄小国之内）。出羽新庄領也。中山より入口五六丁先ニ堺杭有。
○十六日　堺田ニ滞留。大雨、宿（和泉庄や、新右衛門兄也）。

十四日、一ノ関を発った。今日も天気はよかった。四里ほど行って岩ヶ崎（栗駒町、現・栗原市）に着いた。ここまでの当時の道筋はまだ不明の箇所が多いが、河川を避けて稜線沿いに道が走っていたという（金沢規雄氏）。日記には、岩ヶ崎から金成《かんなり》に行く途中に「つくも橋」のあることを記している。進行方向から左に折れることになるので、一行は寄らなかったが、文治五年（一一八九）八月二十一日に平泉方が鎌倉方に敗れた古戦場の址で、その後、南北朝の合戦でも戦場となり、天正十八年（一五九〇）の葛西大崎一揆でも被害を受けたという。

稜線沿いに三里ほど行って真坂に入ったところで、急に雷雨に遭う。その後すぐに晴れ、やがてまた曇って折々小雨となったというが、その中を四里半ほど（実際は四里弱か）歩いて岩出山（玉造郡、現・大崎市）の入り口の半町ほど先で右に切れて歌枕の小黒崎《おぐろさき》を見ようと一栗《いちくり》（日記には一ツ栗）という村にまで行ったところ、まだ二里余りも先だというので川沿いに引き返し、暮れに岩出山に着いてここに宿した。岩出山伊達氏の城下町で、日記に「やしきモ町モ平地。上ノ山は正宗ノ初ノ居城也。杉茂リ、東ノ方、大川也。玉造川ト云《いふ》」とこの地のことを描写している。玉造川は岩出山付近での名称で、上流は荒雄川。現在の地図では江合川とされている。

この夜、曾良と芭蕉は、尾花沢までの道筋をいろいろ検討したらしく、日記にメモが残されている。

十五日の出立時刻は不明。この日、グレゴリオ暦なら七月一日にあたる。宮(下宮)と鍛冶谷沢《かじやざわ》の間に「小黒崎・水ノ小嶋」があったと記す。「をぐろさきみづのこじまの人ならば宮このつとにいざといはましを」(『古今集』東歌)で知られる歌枕。日記の説明によると、

名生貞村という村を所の者は黒崎と言い、その南の山を黒崎山と言う。名生貞村の前の川中の岩に松が三本とその他の小さな木が生えているのが水ノ小嶋である。今は向こう岸に付いた川原であるが古くは川中にあった。宮と一栗の間は、昔は入り江で玉造江と言ったが、今は田畑になっている。

小黒崎は二四四・六メートルの山。岩出山町と鳴子町の境界となっている(現在はともに大崎市)。「みづのこじま」は、芭蕉の行ったころと違って現在はまた川中の岩の小島になっているが、道路から見えにくい。

前日の日記には、小野田から門沢の番所を経て尾花沢へ出るコースを記していたが、この道は遠く難所もあるというので、予定の道を変更して、下宮から前日に通った真坂から小僧という村を越えて一里半で鍛冶谷沢の宿駅に着く。そこから更に一里半で尿前《しとまえ》関に至る。川向こうに鳴子《なるこ》の湯があったが、芭蕉と曾良は立ち寄っていない。

尿前関の芭蕉塚

金森敦子氏は、芭蕉は先の越河《こすごう》の番所(現・白石市)から仙台藩に入るときに門沢の番所を出る予定で申告していたのを、道を変えて尿前関から出ることになったため、手間取り、袖の下を渡してようよう通れたのだろうとも推定されている(「『おくのほそ道』芭蕉の旅の実態」『俳句』二〇〇三年九月号)。それが、『奥の細道』本文の「関守にあやしめられて漸《やうやう》として関をこす」という表現に反映しているのだともいう。

尿前関は、出羽街道が「尿前御境目守」の遊佐氏の屋敷内を通るようにして設けられていた。ここを出ると、陸奥の国から出羽の国に入る。仙台藩と新庄藩の境である。警護がきびしく、出手形の用意もしなければならないと日記に記している。

尿前から中山宿を経て新庄領の堺田(境田)に至る街道が中山越えで、難所であった。まず一里半で中山宿に着くが、この間に尿前坂・苗からし坂・小深沢坂・大深沢坂・木の根坂などという坂が続く。深い谷底にまで降りて川を渡り、また登って歩くというたいへんな難所の連続であったが、日記には記されない。

そしてやっとのことで堺田に着き、宿泊する。新庄藩領で村山郡小田嶋庄小国《おぐに》の内と記す。堺田の入り口の五、六町手前に境杭があると記される。翌日は大雨になって堺田に滞在。宿の名を「和泉庄や、新右衛門兄也」と記す。庄屋の和泉さん宅で新右衛門という人物の兄に当たる人という意味だろうが、はっきりしない。『奥の細道』の「封人の家」である。現在、有路《あるじ》家が芭蕉の泊まった宿とされるが、芭蕉の訪れたころの庄屋に関する記録はなく、有路家が庄屋を務めたことがはっきりするのは宝暦十三年(一七六三)以降である。『奥の細道』に「三日風雨あれて、よしなき山中に逗留す」というのは、文飾で、

蚤 虱 馬 の 尿《ばり》 す る 枕 も と

も同様、前文を受けて『奥の細道』執筆中に作った句である。

四　出羽の国に越えんとす——尾花沢から酒田

18　山刀伐峠から尾花沢に

『奥の細道』では「出羽の国に越んと」して「封人の家」に「三日風雨あれて、よしなき山中に逗留」した主人公たちは、「究竟《くつきやう》の若者」に案内されて出羽の国にむかう。

○十七日　快晴。堺田ヲ立。一リ半、笹森関所有。新庄領。関守ハ百姓ニ貢ヲ宥《ゆる》シ置也。サヽ森、三リ、市野ゝ。小国ト云ヘカヽレバ廻リ成《なる》故、一バネト云山路ヘカヽリ、此所ニ出。堺田より案内者ニ荷持せ越《こす》也。市野ゝ五六丁行テ関有。最上御代官所也。百姓番也。関ナニトヤラ云《いふ》村也。正厳・尾花沢ノ間、村有。是《これ》、野辺沢ヘ分ル也。正ゴンノ前ニ大夕立ニ逢。昼過、清風ヘ着、一宿ス。
○十八日　昼、寺ニテ風呂有。小雨ス。ソレヨリ養泉寺移リ居。
○十九日　朝晴ル。素英、ナラ茶賞ス。夕方小雨ス。
廿日　小雨。

廿一日　朝、小三良へ被招《まねかる》。同晩、沼沢所左衛門へ被招。此ノ夜、清風ニ宿。
廿二日　晩、素英へ被招。
廿三日ノ夜、秋調へ被招。日待《ひまち》也。ソノ夜清風ニ宿ス。
廿四日之晩、一橋、寺ニテ持賞《もてな》ス。十七日より終日晴明ノ日ナシ。
○秋調　仁左衛門。○素英　村川伊左衛門。○一中　町岡素雲。
○一橋　田中藤十良。遊川　沼沢所左衛門。東陽　歌川平蔵。
○大石田、一栄　高野平右衛門。○同、川水　高桑加助。○上京、鈴木宗専、俳名似林、息小三良。新庄、渋谷甚兵へ風流。
○廿五日　折々小雨ス。大石田より川水入来《じゅらい》、連衆故障有テ俳ナシ。夜ニ入、秋調ニテ庚《かう》申待《しんまち》ニテ被招。
廿六日　昼ヨリ於遊川《いうせんにおいて》ニ東陽持賞《もてな》ス。此日も小雨ス。

五月十七日、快晴になって堺田を発つ。一里半行くと、「笹森関所」があった。笹森村は、富沢村の枝郷《えだごう》の一つで、ここも新庄藩領。「笹森関所」は、仙台藩に越える所に置かれた口留番所で、領内の物資を運び出すことを監視したものだろう。日記には「関守ハ百姓ニ貢ヲ宥《ゆる》シ置也」とわざわざ書き留めているが、意味の詳細は不明。小国《おぐに》にかかったら廻り道になるということで一刎《ひとはね》という山道にかかって三里で市野々《いちのの》に出た。一刎は向町盆地側にあって、ここにも口留番所が置かれていた。この山道が山刀伐峠《なたぎりとうげ》で、堺田から案内の者に荷物を持たせてやってきたのだが、『奥の細道』に記されるようなハラハラとするものではなかったようだ。市野々は、当時幕府領。日記には「最上御代官所也」と記されている。現在は尾花沢市に属す。なお、富沢村も小国廻りの一つで、ここの「小国」がどのポイントを指しているのかは不明。

ここから清風《せいふう》宅までの間、日記には次のように記されている。

関ナニトヤラ云《いふ》村也。正厳・尾花沢ノ間、村有。是《これ》、野辺沢へ分ル也。

この間については、星川茂彦氏が説明を加えているが、「関ナニトヤラ云《いふ》村」は関谷《せきや》のことで、百姓番の関所があって代々柴崎与左衛門が名主兼帯御番所預かりであったためにこの名がついたという。また、正厳《しょうごん》と尾花沢の間にある村は二藤袋《にとうぶくろ》のことで現在は尾花沢市に属する。当時は、正厳と共に、やはり幕府領。正厳の前で大夕立に遭ったと日記に記される。野辺沢(延沢)は現在尾花沢市の一部である。

山刀伐峠

そして昼過ぎに清風宅に着いた。清風は、鈴木氏。通称、島田屋八右衛門。紅花大尽《べにばなだいじん》

養泉寺の芭蕉句碑　涼しさを我が宿にしてねまる也

として知られ、出羽国の物産の問屋を営んでいたが、残る資料から察するに金融業が主とした財力の基であったらしい。家業の関係から江戸に出ることも多かったようで、貞享二年に江戸で芭蕉らと「古式百韻」を興行、翌年にも「花咲て」七吟歌仙を巻いている。そのような縁で芭蕉も清風を目当てにここまでやってきたと言える。芭蕉より七歳下の慶安四年(一六五一)生まれである。祇空と潭北も、正徳六年(一七一六)五月下旬ごろに清風宅に立ち寄った。『奥の細道』に「旅の情《なさけ》をも知《しり》」と記される人物だからと思って一宿を頼んだようだが、今は俳諧も止めているし、江戸からの紹介状の人物もよく知らないという「むげなる返事にて一宿もゆるさゞりけり」という有様で、仕方なく盆をくつがえすような雨の中を次の諾沢まで急いでいる。

十八日、芭蕉は「寺」で風呂を貰い、それから養泉寺に移った。この「寺」も、星川氏の考証によれば、清風宅と養泉寺の中間にある知教寺であったという。

十九日は朝の内は晴れて夕方に小雨。この日の日記に「素英、ナラ茶賞ス」と見える。奈良茶漬を振る舞われたというのであろう。素英《そえい》は村上伊左衛門。星川氏は、清風が彼に芭蕉の接待役を頼んでいたとする。二十日は小雨。二十一日の朝、小三郎宅に招かれた。この人物は、三千風の『日本行脚文集』にも名の見える似林《じりん》(鈴木宗専)の子である。似林は、上京中だと日記に記している。晩方には沼沢所左衛門(俳号・遊川《ゆうせん》。尾花沢の庄屋)に招かれ、この夜は清風宅に泊まる。二十二日の晩は素英に招かれる。二十三日夜には秋調《しゅうちょう》(歌川仁左衛門)宅の日待に招かれ、清風宅に宿泊。二十四日の晩には一橋《いっきょう》(田中藤十郎)に寺で饗応を受ける。日記には「十七日より終日晴明ノ日ナシ」と記されるが、同時に俳諧に関する記述もなく、この間をどのように過ごしていたかも分からない。

ただ、後年の『繋橋《つなぎばし》』に収まる、

　すゞしさを我やどにしてねまる也　　芭蕉

に始まる清風・曾良・素英・風流の五吟歌仙、及び、

　おきふしの麻にあらはす小家かな　　清風

に始まる芭蕉・素英・曾良との四吟歌仙は、清風宅で巻かれたものとしてよい。風流《ふりゅう》は新庄の澁谷《しぶや》甚兵衛のことと日記の二十四日の項に記されているが、偶然に尾花沢にやってきていたのか。ともあれ、到着後早い時期に巻かれたものだと思われる。なお、『繋橋』は、越後国出身の行脚俳人幽《ゆう》嘯《しょう》が、須賀川の雨考《うこう》の許で寓目した芭蕉一座の二歌仙に同時代の発句などを加えて編んだもので、文化六年(一八〇九)の刊行と推定されている。

また、「書留」に見える

蚕《こがひ》する姿に残る古代哉　曾良

について、『続雪まろげ』(文化四年)は清風宅での作とするが、石川真弘氏は十九日の作かとする。この句は、中下を「人は古代のすがた哉」として『奥の細道』に用いる。

二十五日は折々小雨の天気だった。大石田から川水《せんすい》(高桑加助)がやって来たが、連衆に都合の悪いことが出来て予定の俳席が流れる。川水は遊川の親戚筋にあたる。大石田からは一栄《いちえい》も来ていたのか、二十四日の記述に名前が記されている。夜に入って、この日も秋調宅での庚申待《こうしんまち》に招かれる。二十六日には、昼から遊川宅で東陽《とうよう》(歌川平蔵)に饗応を受ける。東陽は、秋調の父で、医師であったと分かっている。この日も小雨であった。元禄二年中に出版された『四季千句』に載る、

這《はひ》出《いで》よ飼屋が下の蟇《ひきがへる》

は、尾花沢滞在中に詠んだ句を編者の挙白に報じたものが収められたものであろう。日記には、以上に記した人物の他に、一中《いっちゅう》(町岡素雲)の名が見える。

19　山寺から大石田

『奥の細道』では尾花沢の条につづけて次のように記されている。

山形領に立石寺と云ふ山寺あり。慈覚大師の開基にして、殊《ことに》清閑の地也。一見すべきよし、人々のすゝむるに依て、尾花沢よりとつて返し、其間七里ばかり也。

○廿七日　天気能《よし》。辰《たつ》ノ中尅、尾花沢ヲ立テ、立石寺へ趣。清風より馬ニテ館岡迄被送《おくら》ル。
尾花沢。二リ、元飯田。一リ、館岡。一リ、六田(山形へ三リ半、馬次間ニ内蔵ニ逢)。二リよ、天童。一リ半ニ近シ、山寺(宿預リ坊。其日、山上・山下巡礼終ル)。未《ひつじ》ノ下尅ニ着。是より山形へ三リ。
山形へ趣カンシテ止ム。是より仙台へ越《こゆる》路有。関東道、九十里余。
一　廿八日　馬借テ天童ニ趣。六田ニテ、又内蔵ニ逢。立寄ば持賞《もてな》ス。未ノ中尅、大石田一英(栄)宅ニ着。両日共ニ危シテ雨不隆(降)。上(本)飯田より壱リ半。川水出合。其夜、労ニ依テ無俳《はいなし》。休ス。
一　廿九日　夜ニ入小雨ス。発一巡終テ、翁、両人誘テ黒滝へ被参詣《さんけいせらる》。予所労故、止《とどまる》。未尅被帰《かへらる》。道々俳有。夕飯、川水ニ持賞《もてなし》。夜ニ入、帰。
○一　晦日　朝曇、辰《たつの》刻晴。歌仙終。翁其辺へ被遊《あそばれ》、帰、物ども被書《かかる》。

二十七日は天気が良くなり、辰の中刻に尾花沢を出立、山寺こと立石寺《りゆうしやくじ》に向かった。『奥の細道』

立石寺の山上の院々(山寺芭蕉記念館から)

に言うように清風ら尾花沢の人々がすすめたのであろう。二里で本飯田村、一里で館岡村(楯岡)。いずれも現在の村山市に属する。ここまで清風が馬を付けてくれた。さらに一里行って六田《ろくた》村。ここで内蔵に逢ったと記すが、どのような人物か未詳。二里で天童に至り、さらに一里半ほどで山寺に未の下刻(午後三時ころ)に着く。羽州街道を折れて山寺に至る当時の道が、現在は確認されているという。途中、芭蕉は、

まゆはきを俤にして紅《べに》ノ花

の句を詠んでいる。この句には「もがみにて紅粉の花のさ[き]たるをみて」と前書した真蹟も伝わっているし、『猿蓑』には「出羽の最上を過て」との前書で収まる。

立石寺は、山号を宝珠山、山寺と通称されている。天台宗。正しくはリッシャクジというのだそうだが、当時は、リュウシャクジと呼び慣わされていた。山門

をくぐってから奥の院(如法堂)まで長い石段が続いている。預り坊(寺務所経営の宿坊)で宿を取った後、その日の内に山上・山下を巡礼、このことを『奥の細道』に「日いまだ暮ず。麓の坊に宿かり置て、山上の堂にのぼる。岩に巌《いはほ》を重《かさね》て山とし、松栢年旧《ふり》、土石老《おい》て苔滑《こけなめらか》に、岩上の院々扉を閉《とぢ》て、物の音きこえず。岸をめぐり、岩を這て、仏閣を拝し、佳景寂寞《じやくまく》として心すみ行《ゆく》のみおぼゆ」と描写する。芭蕉は、

山寺や石にしみつく蟬の声

の句をものした。この句も、「閑《しづか》さや岩にしみ入《いる》蟬の声」として『奥の細道』に用いるが、これは、本文を「山形領に立石寺と云《いふ》山寺あり」と書き始めたので、重複を厭ったためであろう。「さびしさや岩にしみ込蟬のこゑ」(『初蟬』)などの句形は信じられない。

ここから山形まで三里。いったんは山形まで行こうとして思いとどまり、翌日、元の道を引き返す。馬を借りて天童に赴き、六田でまた内蔵に逢い、立ち寄って接待を受ける。本飯田から一里半で大石田に着く。大石田は、尾花沢から一里ほどの地点。酒田に下る川舟の発着所として栄え、後には舟番所が置かれた。二十七・二十八両日ともあやうく雨に遭わずに済んだ。

芭蕉と曾良は、裏手が最上川に面した所に建つ一栄宅に宿した。一栄《いちえい》は高野平右衛門。有力な舟問屋で、最上川舟運送に関係した豪商でもあったという。川水《せんすい》もやってきたが、疲れていたのでこの日の俳諧興行は休む。川水は、この地の大庄屋で、大石山乗船寺に墓がある。

二十九日、一栄宅にて、

五月雨《さみだれ》を集《あつめ》て涼し最上川　翁

の発句で俳諧。一栄・曾良・川水の一巡が出たところで芭蕉は一栄・川水を誘って「黒滝」へ赴く。黒滝は、黒滝山向川寺のことで、能登の総持寺直末の曹洞宗の禅の大道場。山の麓、最上川を見下ろす所にあり、最上川を往来する人々の絶大な信仰を集めていたという。曾良は疲労のために同行せず。未の刻に三人は帰って来て、夕食は川水の馳走。川水宅に赴く途中にもおのおの句を付けたようだ。夜に一栄宅に帰る。この日は夜に入って小雨が降る。三十日は、朝の内は曇、辰の刻に晴れる。歌仙が満尾。芭蕉は、近辺をブラブラとした後、帰って物を書く。伝わる「五月雨を」歌仙の浄書をしたのであろう。『奥の細道』には、「早川」とされる歌枕最上川の本意を活かして、中七を「あつめて早し」として、舟の上の作とする。

20 新庄

○六月朔　大石田を立。辰《たつの》刻、一栄・川水、弥陀堂迄送ル。馬弐疋、舟形迄送ル。二リ。一リ半、舟形。大石田より出手形ヲ取、ナキ沢ニ納通《をさめとほ》ル。新庄より出ル時ハ新庄ニテ取リテ、舟形ニテ納通《をさめとほる》。両所共ニ入《いる》ニハ不構《かまはず》。二リ八丁新庄、風流ニ宿ス。
二日　昼過より九郎兵衛へ被招《まねかる》。彼是《かれこれ》、歌仙一巻有。盛信、息、塘夕、渋谷仁兵衛、柳風共。孤松、加藤四良兵衛。如流、今藤彦兵衛。木端、小村善衛門。風流、渋谷甚兵へ。

六月一日、辰の刻に大石田を発つ。一栄・川水両人が弥陀堂まで送ってくれた。さらに馬二匹を舟形まで付けてくれる。大石田から名木沢《なぎさわ》まで二里、そこから舟形まで一里半。舟形は小国川沿岸の村で新庄領内。大石田で出手形を取り、名木沢で納めて通過する。名木沢は大石田と同じ山形藩領。新庄から来るときは、新庄で出手形を取って舟形で納めるのだと日記に記す。ただし、両所とも入る場合は構わない由も記す。舟形から二里八町ばかり行って新庄に入り、風流宅に宿す。尾花沢での俳筵に一座した人物で、芭蕉たちをこの地に招いたのも風流であったと考えてよい。山寺でいったんは山形に行こうとしながら取りやめて元の道を引き返したのは、大石田の一栄、新庄の風流との約束があったからだと思われる。新庄滞在についての記載は、『奥の細道』に出ない。

新庄は、最上地方新庄盆地のほぼ中央に位置する新庄城の城下町で、当時の藩主は二代目戸田正誠《まさのぶ》、新庄藩の全盛時代だった。

二日の昼過ぎに盛信《せいしん》宅に招かれて、

御尋《おたづね》に我《わが》宿せばし破れ蚊や　風流
はじめてかほる風の薫物《たきもの》　芭蕉

に始まる歌仙が興行された。盛信は澁谷《しぶや》九郎兵衛という城下第一の富豪(士分格)で、風流《ふりゆう》こと澁谷甚兵衛の兄にあたる。風流は分家していた。盛信亭は南本町東側(現・山形銀行新庄支店辺)にあり、風流亭はほぼその真向かいの南本町西側にあったと、大友義助氏が推定されている。

連衆は、柳風《りゆうふう》・孤松《こしよう》(加藤四郎兵衛)・如柳《じよりゆう》(今藤彦兵衛)・木端《もくたん》(小村善右衛門)に曾良で、盛信は、この俳諧に一座していない。なお、日記には盛信の「息」の柳風の別号が塘夕《とうせき》で通称澁谷仁兵衛と記すが、塘夕こと澁谷仁兵衛は盛信の次男で、柳風とは別人とする考えもある。仁兵衛は盛信の初めの通称でもあるので塘夕が襲名したものとしてよく、また、系図に柳風にあたる人物の名の見えぬところからも、柳風は嗣子でなかったのだろうと言うが、日記本文には「塘夕」、「俳諧書留」には「柳風」で出ているところから見て、やはり同一人物としてよいだろう。孤松が酒造業、木端が仏師とする「説」も根拠がないということだ。

「書留」には、なお、「風流亭」として、

水の奥氷室尋《たづね》る柳哉　翁

に始まる風流・曾良との三句、「盛信亭」とする、

風の香を南に近し最上川　翁

に始まる柳風・木端との三句も記されている。前者は、到着当日の六月一日、後者は二日の歌仙興行の後の作であろう。風流亭の発句に見える「柳」は寛永十一年(一六三四)頃に植えられた柳並木で、昭和六十三年に城下の南入口に清水の跡が発掘確認された。盛信亭の句は、河西本『雪まるげ』以下、上五を「風の香も」とするのが、句形からは正しいだろう。風流の子孫の澁谷家には歌仙一巻と三句まで二点の芭蕉の真蹟が伝えられていたが、明治元年七月十三日の戦火で失われたという(澁谷道氏談)。

21　最上川下り、三山巡礼

○三日　天気吉《よし》。新庄ヲ立、一リ半、元合海、次良兵へ方へ甚兵へ方より状添ル。大石田平右衛門方よりも状遣ス。船、才覚シテノスル(合海より禅僧二人同船、清川ニテ別ル。毒海チナミ有)。一リ半古口へ舟ツクル。是又、平七方へ新庄甚兵へより状添。関所、出手形、新庄より持参。平七子、呼四良、番所へ持行。舟ツギテ、三リ半、清川ニ至ル。酒井左衛門殿領也。此間ニ仙人堂・白糸ノタキ、右ノ方ニ有。平七より状添方ノ名忘タリ。状不ㇾ添シテ番所有テ、船ヨリアゲズ。一リ半、雁川、三リ半、羽黒手向荒町。申《さる》ノ刻、近藤左吉ノ宅ニ着。本坊ヨリ帰リテ会ス。本坊若王寺別当執行代和交院へ、大石田平右衛門より状添。露丸子へ渡。本坊へ持参、再帰テ、南谷へ同道。祓川《はらひかは》ノ辺よりクラク成。本坊ノ院居所也。

○四日　天気吉。昼時、本坊へ蕎切ニテ被招《まねかれ》、会覚ニ謁ス。并南部殿御代参ノ僧浄教院・江州円入ニ会ス。俳、表計《ばかり》ニテ帰ル。三日ノ夜、希有《けうに》観修坊釣雪逢。互ニ泣茀《(涕泣ス)》ヌ。

○五日　朝ノ間、小雨ス。昼より晴ル。昼迄断食シテ註連《しめ》カク。夕飯過テ、先、羽黒ノ神前ニ詣。帰、俳一折ニミチヌ。

○六日　天気吉。登山。三リ、強清水。二リ、平清水《ヒラシヅ》。二リ、高清。是迄馬足叶《かなふ》。道人《だうじんの》家、小ヤガケ也。弥陀原(中食ス。是よりフダラ・ニゴリ沢・御浜ナド丶云ヘカケル也。難所成《なり》。こや有)御田有。行者戻リ、こや有。申ノ上尅、月山ニ至。先、御室ヲ拝シテ、角兵衛小ヤニ至ル。雲晴テ来光ナシ。夕ニハ東ニ、旦《あした》ニハ西ニ有由也。

○七日　湯殿へ趣。鍛冶ヤシキ、コヤ有。本道寺へも岩根沢へも行也。牛首コヤ有。不浄汚離、コ丶ニテ水アビル。少シ行テ、ハラジヌギカヱ、手繦カケナドシテ御前ニ下ル(御前よりスグニシメカケ・大日坊ヘカ丶リテ鶴ケ岡へ出ル道有)。是より奥へ持タル金銀銭持《もつ》テ不ㇾ帰《かへらず》。惣而取落《そうじてとりおとす》モノ取上ル事不成《ならず》。浄衣・法冠・シメ計ニテ行。昼時分、月山ニ帰ル。昼食シテ下向ス。強清水迄光明坊より弁当持せ、サカ迎《むかひ》せラル。及暮《くれにおよび》、南谷ニ帰。甚《はなはだつか》労ル。
△ハラヂヌギカへ場よりシヅト云所へ出テ、モガミへ行也。
△堂者坊ニ一宿。三人、壱歩。月山、一夜宿。コヤ賃廿文。方々役銭弐百文之内。散銭弐百文之内。彼是、壱歩銭不余《あまらず》。
○八日 朝ノ間小雨ス。昼時ヨリ晴。和交院御入、申ノ刻ニ至ル。
○九日 天気吉、折々曇。断食。及昼《ひるにおよび》テシメアグル。ソウメンヲ進ム。亦、和交院ノ御入テ、飯・名酒等持参。申刻ニ至ル。花ノ句ヲ進テ、俳、終。ソラ発句、四句迄出来ル。

三日は天気が良かった。新庄を発って一里半、元合海《もとあいかい》(本合海)から乗船し、最上川を下る。元合海は『義経記』に記される「あひかはの津」とされ、古くから舟運の要所として栄えた所であったらしい。次郎兵衛という人物に宛てて風流と大石田の一栄から手紙が添えられ、そのために「才覚シテ」船に乗せて貰ったと記す。次郎兵衛は、ここの船宿かと察せられる。上流の合海《あいかい》から乗船した二人の禅僧と乗り合わせたが、「毒海チナミ有」る人物だと記している。毒海《どくかい》は、貞享年間頃に芭蕉庵で急死した僧(『続深川集』)で、曾良も面識があったのだろう。芭蕉は江戸に出る前、京都五山で修行していた時期があったかと察せられ、その頃の仲間かとも思える。

一里半を下って古口に着舟する。ここの平七という人物にも風流からの手紙が添えられていた。出手形は新庄で受けていたのを、平七の子の呼四郎という者が番所に持参、無事に舟を継ぎ、途中

仙人堂

の右側に仙人堂・白糸の滝を見て三里半下って清川に至る。ここは鶴ヶ岡城主酒井左右衛門の領地で、添状がない場合は上陸させないと日記に記す。芭蕉一行は平七からのものがあったので無事上陸、元合海から一緒だった二人の禅僧とはここで別れる。

この間の様子を『奥の細道』は、

最上川は、みちのくより出て、山形を水上とす。ごてん・はやぶさなど云《いふ》おそろしき難所有《あり》。板敷山の北を流《ながれ》て、果は酒田の海に入《いる》。左右山覆《おほ》ひ、茂みの中に船を下《くだ》す。是《これ》に稲つみたるをやいな船といふならし。白糸の瀧は青葉の隙〳〵に落ちて仙人堂、岸に臨《のぞみ》て立《たつ》。水みなぎつて舟あやうし。

と記す。もっとも「ごてん」「はやぶさ」は最上川の上流にあって、「酒田の海に入」までは最上川の一般的な説明で、川下りの描写は「左右山覆ひ」以下ということになる。

なお、『俳諧勧進牒《かんじんちょう》』(元禄四年)の「月山発句合」に「もがみの泊」と前書した曾良の、

稲舟に休みかねてや飛《とぶ》蛍　曾良

が見えるが、行脚後の作だと思われる。

一里半行って狩川、さらに三里半で羽黒山の門前町手向《とうげ》に到着、申の刻に荒町の近藤左吉(露丸《ろまる》・呂丸)の家に入る。左吉は、山伏の法衣を染める染物業を営み、羽黒山と因みが深い人物で、尾形仂氏は、羽黒山の俳壇の指導者であっただろうと推測されている。まだ三十歳代の前半だったと思われる。羽黒山本坊に行っていた左吉が帰って来たので、本坊若王寺別当執事代和合院すなわち『奥の細道』本文に見える「会覚阿闍梨《ゑがくあじやり》」宛の一栄からの紹介状を渡したところ、左吉は本坊にとって返し、再び帰ってきてから南谷まで同道してくれた。南谷は中腹すぎまで上った右側で、別当寺の別院高陽院紫苑寺があった。秡川(祓川)のあたりから暗くなったと記す。羽黒山は修験道(羽黒修験)の中心地で、山上の羽黒神社まで約半里の石段が続いている。芭蕉の、

涼風やほの三ケ月の羽黒山

は、この時のことを詠んだものだろう。後に初五を「涼しさや」と改めて『奥の細道』に用いる。

曾良も、

三ケ月や雪にしらげし雲峯《くものみね》

南谷

と詠んでいる。この夜、思いがけず京の観修坊釣雪《ちょうせつ》に逢い、互いに涙をこぼしたと記す。曾良の旧知であったと思われる。

四日も天気が良かった。昼に本坊に招かれ、「蒌切」(蕎麦切りあるいは麦切り)を馳走になり、お目に掛かる。『奥の細道』には、「別当代会覚阿闍梨に謁す。南谷の別院に舎《やどり》して、憐愍の情こまやかにあるじせらる」と到着した三日のこととしている。当時、江戸東叡山別当の大円覚院公雄が江戸を離れられなかったので、別当代を置いて会覚がその職を務めていた。盛岡城主南部大膳太夫重信の代参の僧である法輪陀寺の塔中浄教院の僧珠妙《しゆみよう》、近江の国飯道寺の僧円入《えんにゆう》も同席。

有《あり》難《がた》や雪をかほらす風の音　翁

に始まる俳諧興行。露丸が脇、曾良が第三を付け、以下、先に記した釣雪・珠妙、当地の梨水《りすい》が付けて表六句が出たところで帰る。この発句は、「めぐらす風の音」「めぐらす南谷」と案じたのち、「かほらす南谷」として『奥の細道』に用いる。

五日は朝の間は小雨だったが、昼から晴れる。昼まで断食して注連《しめ》をかけ、夕飯過ぎに羽黒神社に参詣した。明日の月山参詣の準備である。芭蕉も同じだろう。帰って、昨日の俳諧の後を継いで一折(十八句)に満ちる。

六日、好天気の中、月山《がっさん》に詣でる。三里で強清水《こわしみず》、二里で平清水、二里で高清水《こうしみず》(合清水)に至り、ここまでは馬で行くことが出来ると日記に記されるが、『三山雅集《さんざんがしゅう》』(宝永七年)には強清水から一里半で平清水、同じく一里半で合清水に至り、平清水までは参詣の道者は馬に乗る旨を記している。小屋掛けの道人の家があるとも日記は記している。弥陀原(御田原)で中食。ここにも小屋があった。

五色沼から月山方面をのぞむ

ここから下ると、補陀洛《ふだらく》道、濁《にごり》沢、御浜沢にかけて難所と注記する。芭蕉たちはそのまま進み、行者戻り(小屋があったと記す)を経て申の上刻に月山に至った。行者戻りから一里の距離である。まず御室を拝し、ここの角兵衛小屋という行者の宿泊所で宿した。

『奥の細道』には、八日のこととして、次のように記している。

木綿《ゆふ》しめ身に引《ひき》かけ、宝冠に頭《かしら》を包《つつみ》、

強力《がうりき》と云《いふ》ものに道《みち》びかれて、雲霧山気の中に、氷雪を踏《ふみ》てのぼる事《こと》、八里。更に日月行道の雲関に入《いる》かとあやしまれ、息絶《たえ》身こゞえて、頂上に至れば、日没《ぼつし》て月顕《あらは》る。笹を鋪《しき》、篠《しの》を枕として、臥《ふし》て明《あく》るを待《まつ》。日出《いで》て雲消《きゆ》れば、湯殿に下る。

「木綿しめ」は木綿注連。麻で作った修験袈裟で、山がけの際、潔斎中から下山後の精進おろしまで、襟にかけていた。ただし、芭蕉の頃は紙のこよりを麻の代わりに用いていたという。「宝冠」は頭を包む白木綿で、芭蕉などは五尺の布を用いたと思われる。

翌朝、「雲晴テ来光ナシ」と記される。夕方には東に、朝には西に「来光」がある由という。今日は、湯殿山に向かう。まず、鍛冶屋鋪に至る。小屋があった。ここから本道寺へも、岩根沢にも通じていると記す。ともに、現在の西村山郡西川町。

月山や鍛冶が跡とふ雪清水　曾良

「鍛冶ヤシキ」は『奥の細道』に「鍛冶小屋」と記す。月山の山頂から三丁ほど下がったところにあった行者小屋。『三山雅集』に、

むかし一人の鍛冶師《タンヤ》、劔の佳名《かめい》あらんことを祈《いのり》て、此所《このところ》にこもりてきたひ出せしとなん。かれが打《うち》たる銘には「月山」ときり付《つけ》て、今世に残せり。鉄鋪《カナシキ》・吹革《フイゴ》年経《へ》て、石の形の彷彿《はうふつ》たるを見るのみ。

とある。名刀「月山」の元祖は天智天皇の時代という伝説があるがはっきりしない。『奥の細道』

では、岩に腰掛けて休んでいるとき、「三尺ばかりなる桜のつぼみ半《なか》ばひらける」のを見たと記す。この「桜」は、高山植物のミネザクラ(タカネザクラとも)のことだと考えられている。

鍛冶屋鋪から少し行った右手に牛ヶ首があり、ここにも小屋があったと記す。さらに進んで不浄垢離で水を浴びる。また少し行って草鞋を脱ぎ換え、あらためて手繦(注連)がけをし、浄衣・法冠・注連だけの衣裳で「御前」の方に下っていく。日記には、次のようにも記す。

是より奥へ持タル金銀銭持《もつ》テ不《かへらず》レ帰。惣而取落《そうじてとりおとす》モノ取上ル事不成《ならず》。

このことを詠んだのが曾良の、

銭踏《ふん》で世を忘れけりゆどの道

で(『陸奥鵆』には下五「奥の院」とする)、芭蕉が、

湯殿山銭ふむ道の泪かな　曾良

と改めて『奥の細道』に用いる。

昼ごろに月山に帰り、中食を摂ってから下る。強清水まで弁当を持った南谷の役僧の光明坊の「サカ迎」を受け、暮れに南谷に帰り着いた。甚だ疲れたと記す。坂迎《さかむかえ》は、この世に戻ってきたことを示すのだということである。

なお、この参詣にかかった費用を曾良が書き留めていて、堂者坊(道者坊)に一泊した費用が三人

分で一歩、月山の一泊の小屋代が二十文、方々への役銭が二百文以内、賽銭が二百文以内、かれこれ合わせて用意した中で一歩の銭も残らなかったという。

八日、朝の間は小雨だったが、昼時から晴れる。会覚《えがく》が来て申の刻まで過ごす。『奥の細道』に「坊に帰れば、阿闍梨の需《もとめ》に依て三山順礼の句々短冊に書《かく》」というのは事実で、この日のことだと推定される。

涼風やほのみか月の羽黒山　　桃青
雲の峯いくつ崩れて月の山　　桃青
かたられぬゆどのにぬらす袂かな　　桃青

この短冊は今に伝わっているが、金地のみごとな料紙に書かれているもので、支考門美濃派三世の盧元坊《ろげんぼう》（延享四年＝一七四七歿）の添え書きが付いていて、次のことが分かる。すなわち、会覚は、この短冊を因みの者に譲ったらしく、揖斐の人々に伝えられていたのを、流可《りゅうか》という俳人が「月山」「湯殿山」の二本を得、残り一本を探していたが、翌年七月初めに偶然にも残りの「羽黒山」の一本を入手できて、三本が揃ったものだという。『奥の細道』では、最初の句の上五を「涼しさや」と改めて用いている。

別に「雲のみねいくつ崩れて月の山」と草した短冊も伝えられているが、これは、曾良日記十二日の条に記される芳賀兵左衛門（仙景《せんけい》）に与えられたものと思われ、代々芳賀家に襲蔵されて現在に至っている。仙景の長男が、先に記した『三山雅集』(宝永七年)開版の発起人である呂笳《ろか》(露笳とも)で、この時蕉門に入ったかと推察され、同書の板木も芳賀家に残されている。呂丸《ろまる》(露丸)の一字を貰って号したもので、直接には呂丸の弟子としてよい。羽黒山麓の修験者。正徳六年、祇空と潭北も、七月六日にここを訪ね、呂笳に親切なもてなしを受け、十五日は月山に案内されている(『鳥糸欄』)。九日、晴時々曇。この日は昼迄断食して注連《しめ》を上げ、素麵を食す。その後、会覚が飯と名酒を持ってやってきて「有難や」歌仙の二折を継ぐ。円入《えんにゅう》が二句、会覚にも匂の花の句を勧めて歌仙に満尾。続けて曾良の発句で四句目まで出来たと記すが記録に残っていない。今日も会覚は申の刻までを過ごす。

羽黒山滞在中に芭蕉は「此度下官《やつがれ》、三山順礼の序《ついで》、追悼一句奉るべきよし、門徒等しきりにすゝめらるゝによりて、をろ〳〵戯言《けげん》一句をつらねて香の後に手向侍る」と、天宥法印《てんゆうほういん》追悼の句文を草した。天宥は羽黒山第五十代執行・別当。江戸寛永寺の天海の弟子となって四宗兼学の羽黒山を天台宗一色に改め、大規模な土木工事を起こすなど功績が大きかったが、山内の争いに加え庄内藩酒田家との争いによって罪を得て寛文八年(一六六八)四月に伊豆に流され、延宝三年(一六七五)に歿した。後、羽黒山中興の人と言われる。この文章に添えられた一句、

其《その》玉や羽黒にかへす法《のり》の月

は、亡き天宥の魂が羽黒山に帰ってくることを詠んだもの。残されている自筆懐紙に「無」と書い

て「其」と改めてあるのは、最初「無玉(亡き魂)」と詠んだのであろう。たぶん同じ時に、芭蕉は天宥の描いた「四睡《しすい》の図」に、

　月か花かとへど四睡の鼾《いびき》哉

と賛も加えている。「四睡の図」は中国天台山国清寺の豊干《ぶかん》が弟子の寒山・拾得、それにいつも乗っている虎と一緒に眠っている絵で、禅の悟りを示すものとされる。この画賛は、昭和三十六年十月十七日付『毎日新聞』に報告されたことがあったが、現在は所在不明である。

曾良日記の十二日の条に、羽黒山で会った人々の名が録されている。既に記した人物もあるが、列挙しておく。「南谷方」として、近藤左吉・観修坊・且所院・南陽院・源長坊(「山伏」と注記する。山麓妻帯修験三十六坊の一で、田村姓)・光明坊、その息の平井貞右衛門。「本坊」として、芳賀兵左衛門・大河八十郎・梨水・新宰相。更に、「両先達」の花蔵院・正隠院。先に記した円入には「近江飯道寺不動院ニテ可尋《たづぬべし》」と記す。同じく、法輪陀寺内浄教院珠妙。「靏ケ岡」として山本小兵衛には「長山五郎右衛門縁者」、図司藤四郎には「近藤左吉舎弟也」とするが、この二人については、羽黒で会ったか、鶴岡で初めて会った人物かは不明。なお、左吉は、七日の間に芭蕉から受けた教えを記した『聞書七日《ききがきなぬか》草《ぐさ》』を表した(元禄二年七月五日成)。元禄六年二月二日に京で客死したが、元禄九年に左吉の遺族を訪ねた桃隣は、「亡跡《なき》は見事に相続して賑敷《にぎはしく》渡世」していた旨を記している(『陸奥鵆』)。

22　鶴岡から酒田へ

○十日　曇。飯道寺正行坊入来《じゆらい》、会ス。昼前、本坊ニ至テ、蕎切・茶・酒ナド出、未《ひつじ》ノ上刻ニ及ブ。道迄、円入被迎《むかへらる》。又、大杉根迄被レ送《おくらる》。祓川ニシテ手水《てうづ》シテ下ル。左吉ノ宅ヨリ翁計馬ニテ、光堂迄釣雪送ル。左吉同道。々(道々)小雨ス。ヌル、ニ不及《およばず》。申《さる》ノ刻、鶴ケ岡長山五良右衛門宅ニ至ル。粥ヲ望、終テ眠休シテ、夜ニ入テ発句出テ一巡終ル。

○十一日　折々村雨ス。俳有。翁、持病不快故、昼程中絶ス。

○十二日　朝ノ間村雨ス。昼晴。俳、歌仙終ル。

○羽黒山南谷方(近藤左吉・観修坊、南谷方也)・且所院・南陽院・山伏源長坊・光明坊・息平井貞右衛門。○本坊芳賀兵左衛門・大河八十良・梨水・新宰相。

△花蔵院△正隠院、両先達也。円入(近江飯道寺不動院ニテ可尋《たづぬべし》)、七ノ戸南部城下、法輪陀寺内浄教院珠妙。

△鶴ケ岡、山本小兵へ殿、長山五郎右衛門縁者。図司藤四良、近藤左吉舎弟也。

一　十三日　川船ニテ坂田ニ趣《おもむく》。船ノ上七里也。陸五里成《なり》ト。出船ノ砌《みぎり》、羽黒より飛脚、旅行ノ帳面被調《てうじられ》、被遣《つかはさる》。又、ゆかた二ツ被贈《おくらる》。亦、発句共も被為見《みせらる》。船中少シ雨降テ止。

申ノ刻《さる》より曇。暮ニ及テ坂田ニ着。玄順亭へ音信《おとづれ》、留主ニテ、明朝逢。
○十四日　寺嶋彦助亭へ被招《まねかる》。俳有。夜ニ入《いり》帰ル。暑甚シ。

十日は曇。朝、円入《えんにゅう》がやってきた。今日、曾良が発つことを知っていて見送りに来たのだろう。本堂昼前から本堂で蕎麦切り(あるいは麦切り)・茶・酒などをふるまわれ、未の上刻まで過ごす。本堂を出ると、道まで円入が迎えに来ていて、大杉の所まで見送ってくれた。祓川で手水を使って山を下る。芭蕉だけ馬に乗り、左吉の家から光堂(手向正善堂前黄金堂)まで釣雪《ちょうせつ》が送ってくれた。左吉は、鶴岡《つるおか》まで同道。途中に小雨が降ってきたが、濡れるというほどでもなく、申の刻に鶴岡の長山五郎右衛門宅に到着した。『奥の細道』本文に「長山氏重行と云《いふ》武士」と記される庄内藩の百石取りの藩士。江戸在勤中、深川の芭蕉庵を訪ねたことがあったと伝えられる(飯野哲二氏)。

鶴岡は、庄内藩酒井氏十四万石の城下町。鶴岡藩とも言われ、城は鶴ヶ岡城。今の鶴岡市である。重行宅跡は今の山王町にあり、長山小路の名が残っているという。到着後すぐに粥を所望して寝る。夜になって、

めづらしや山をいで羽の初茄子《はつなすび》　翁

を発句に露丸(左吉)も交えて一巡四句を詠んで、その日は終わる。翌十一日は折々村雨。昨日の続きを試みたが、芭蕉の持病が出て昼ごろに中絶。十二日も朝の間は村雨があったが、昼に晴れる。

歌仙を巻き上げる。前の項に記したこの日の曾良日記に記される人名等について尾形仂氏は、羽黒山で俳諧に心を寄せる人たちだろうと想像しておられる。

十三日、赤川の川舟で酒田に向かう。舟では七里、陸では五里ということだと記している。舟が出るとき、羽黒から飛脚が来て会覚から新しくあつらえた旅行の帳面、ゆかた二枚、餞別の発句を贈られる。餞別句は、

忘るなよ虹に蟬鳴《なく》山の雪　　会覚

左吉とは、この日に別れたと思われる。

舟の間、少し雨が降って止む。申の刻に曇り空になり、暮れに酒田に着く。酒田到着後すぐに伊東玄順《げんじゅん》の宅に音信したが、留守ということで、翌十四日朝に会う。玄順は、淵庵不《ふ》玉《ぎょく》という俳号を持つ医師。伊東本家は内町の大庄屋の家。父の代に分家して、元禄九年の大絵図には鐙屋の一隅に「加々屋与助名子淵庵」が記されている。現在の中町一丁目。

十四日、寺島彦助の自宅に招かれ、

涼しさや海に入《いれ》たる最上川　　翁

酒田港

に始まる俳諧興行。連衆は、脇を詮道《せんどう》(寺島彦助)、第三を不玉《ふぎょく》、ついで定連《じょうれん》(長崎一左衛門)・曾良・任暁《にんぎょう》(かゞや藤衛門)・扇風《せんぷう》(八幡源衛門)。曾良の「書留」の記録は、たぶん一巡の八句までで、以下は略されている。不玉の編んだ『継尾集《つぎおしゅう》』(元禄五年刊か)には発句のみ収められているが、そこに「安種亭より袖の浦を見渡して」との前書が付されていて寺島彦助の自亭安種亭の位置もほぼ察しがつく(現・酒田本町郵便局の向かいが安種亭跡とされている)。袖の浦の位置は、最上川河口左岸。歌枕で、「名勝備忘録」に「袖浦」が記されている。この句は、「暑き日を海にいれたり最上川」として『奥の細道』に用いる。

夜になって玄順宅に帰る。「暑甚シ」と記す。この頃、芭蕉は、左吉宛に世話になった礼状を書いた。

23 象潟

○十五日　象潟へ趣《おもむく》。朝ヨリ小雨。吹浦ニ到ル前より甚雨。昼時、吹浦ニ宿ス。此間六リ、砂浜、渡シ二ツ有。左吉状届。晩方、番所裏判済。

○十六日　吹浦ヲ立。番所ヲ過ルト雨降出ル。一リ、女鹿。是より難所。馬足不通《とほらず》。番所手形納。大師崎共、三崎共云。一リ半有。小砂川《こさがは》、御領也。庄内預リ番所也。入ニハ不入手形《てがたいらず》。塩越迄三リ。半途ニ関ト云村有(是より六郷庄之助殿領)。ウヤムヤノ関成《なり》ト云。此間、雨強ク甚濡。船小ヤ入テ休。昼ニ及テ塩越ニ着。佐々木孫左衛門尋テ休。衣類借リテ濡衣干ス。ウドン喰。所ノ祭ニ付而《つきて》女客有ニ因テ、向屋《むかひや》ヲ借リテ宿ス。先《まづ》、象潟橋迄行而《ゆきて》、雨暮気色ヲミル。今野加兵へ、折々来テ被レ訪《とはる》。
十七日　朝、小雨。昼ヨリ止テ日照。朝飯後、皇宮山蚶彌(満)寺へ行。道々眺望ス。帰テ所ノ祭渡ル。過テ、熊野権現ノ社へ行、躍《をどり》等ヲ見ル。夕飯過テ、潟へ船ニテ出ル。加兵衛、茶・酒・菓子等持参ス。帰テ夜ニ入、今野又左衛門入来《じゆらい》。象潟縁起等ノ絶タルヲ歎ク。翁諾ス。弥三良低耳、十六日ニ跡ヨリ追来テ、所々へ随身ス。
〇十八日　快晴。早朝、橋迄行、鳥海山ノ晴嵐ヲ見ル。飯終テ立。アイ風吹《ふき》テ山海快《こころよし》。暮ニ及テ、酒田ニ着。

「江山水陸の風光数を尽くして、今象潟に方寸を責《せむ》」と『奥の細道』にも記すように、十五日に象潟《きさがた》に赴いた。象潟は、陥没によって生じた入江で、湾内に九十九島・八十八潟があると言われる松島と並ぶ名勝だった。現在のように陸地になったのは、文化元年(一八〇四)六月四日の大地震で海底が隆起したことによるものである。「名勝備忘録」にも「象潟」は記されているので、当初から目的地の一つだったと考えてよい。歌枕である。
朝から小雨で、六里の道を歩いて昼に吹浦《ふくら》に到着したが、その手前から激しい降りになった。ず

象潟図屏風(にかほ市象潟郷土資料館蔵)

っと砂浜を歩き、途中に渡しが二つあったと記す。日向川と吹浦川の渡しである。この日から翌日の間のことについては『奥の細道』に「山を越《こえ》、礒を伝ひ、いさごをふみて其際《そのきは》十里、日影やゝかたぶく頃、汐風真砂を吹上《ふきあげ》、雨朦朧《もうろう》として鳥海の山かくる」と活かす。雨のために、吹浦に宿泊。晩方、吹浦番所に赴いて裏判を貰う。番所は村内の横町にあった。この日、左吉からの手紙を受け取っている。

十六日、吹浦を発って吹浦番所を過ぎた所から、また雨が降り出す。一里で女鹿《めが》の関所に到る。ここも庄内藩領。金森敦子氏に拠れば、ここを通過するために酒田で買った出手形(酒田の俳人たちが用意してくれただろう)を吹浦の番所に渡して女鹿の番所を通るための入判料を出して印をもらい(日記に「裏判済」と記す)、その書き付けを番所に出すのだと言われている。

女鹿より先は「馬足不通《とほらず》」の難所、つまり駄馬も人足も通らない所だという。一里半で大師崎《だいし》に到る。ここを三崎ともいうと記すが、三崎は、もともと不動崎・大師崎・観

図３

音崎とあったので三崎と名付けられたのだとされる。
小砂川《こさがわ》に庄内藩の預番所《あずかりばんしょ》があったが、人には手形が不要だった。ここは「御領」つまり天領で、庄内藩が監督していた。現在はにかほ市に属している。ここから汐越《しおこし》（塩越）まで三里と記す。途中に関という村があり、ここから本庄藩主六郷庄之助の領地だとも記している。芭蕉たちはここが古代三関の一である有耶無耶関《うやむやのせき》の址だと聞いたようだが、その前の三崎峠が有耶無耶関址だともされる。ともあれ確証はなく、以前には吹浦海岸に近い場所に碑が建っていたように記憶しているが、先年通った折にはその碑がなかった。桃隣は、象潟から酒田へ一里を出た所に「うやむやの関」があるが、『東鑑』には「大関笹谷峠」のことで奥州にあるとしてあり、「きさかたのうやむや覚束なし」と記している（『陸奥衢』）。その名の通り、はっきりしない。
関と小砂川の間で雨が強くなり、ひどく濡れてしまって船小屋に入って休む。『奥の細道』には、このことを文学的潤色を施して「蜑の苫屋《とまや》に膝をいれて雨の晴《はるる》を待つ」とし、

象潟(蚶満寺から)　小山が島，畑が海だったと見なしたらよい

前夜のことに活かす。

昼に汐越に着く。象潟のことを当時は塩越村と言った。佐々木孫左衛門を訪ね、そこで衣類を借りて濡れたものを干し、うどんを食べたという。孫左衛門は能登屋という旅人宿。現在、安藤菓子店となっている所だとされる。折から鎮守熊野神社の宵祭のために女客があって部屋がふさがっていたので「向屋《むかひや》」に宿すことにした。孫左衛門の向かいの宿屋という意味か。主は佐々木左右衛門治郎ということだ。象潟橋まで行って雨の暮れ方の景色を見る。現在の欄干《らんかん》橋で、当時は見晴らし橋とも言い、眺めのよい所だったという。名主の今野又左衛門の弟の今野嘉兵衛(日記には加兵衛)が「折々」訪ねて来た。『奥の細道』に見える「みのゝ国の商人低耳《ていじ》」が跡を追って訪ねてきたのもこの日のことで、しばらく同行することになる。低耳は、美濃長良の商人で、宮部弥三郎。秋田から北陸地方を広く行商していたらしい。

十七日は、朝のうち小雨だったが、昼から止んで日が照る。朝食後、途中の周囲の景色を眺めながら蚶満寺《かんまんじ》に赴く。

此《この》寺の方丈に座して簾《すだれ》を捲《まけ》ば、風景一眼《いちがん》の中に尽《つき》て、南に鳥海、天をさゝえ、其陰《そのかげ》うつりて江《え》にあり。西はむや〳〵の関、路をかぎり、東に堤を築《きづき》て、秋田にかよふ道遥に、海北にかまえて、浪打入る所を汐こしと云。江の縦横《じゆうおう》一里ばかり、俤《おもかげ》松嶋にかよひて、又異《こと》なり。松嶋は笑ふが如く、象潟はうらむがごとし。寂しさに悲しみをくはえて、地勢魂をなやますに似たり。

と、『奥の細道』に描写する。ただし、右に「南」とあるのは正確には南東、「西」は西南、「東」は北東、「北」は西に当たる。

宿に帰ったところで、祭のお渡りがあって見物、過ぎてから熊野権現社に行って踊りなどを見る。神社は、象潟橋の傍である。夕食後、今野嘉兵衛が茶・酒・菓子などを持参、船で潟に出る。今の欄干橋を渡った所にある舟つなぎ石の所から象潟遊覧に出たはずだとされる。『奥の細道』に記される能因島などには、この時に寄ったことであろう。帰ってから又左衛門が宿にやってきて、象潟縁起などが絶えたことを嘆き、芭蕉はあいづちを打ったという。伝えられる、

象潟

きさがたの雨や西施《せいし》がねぶの花

夕方雨やみて處《ところ》の
何がし舟にて江の中を
案内せらるゝ

ゆふ晴や桜に涼む波の華

腰長《こしたけ》の汐といふ處は
いと浅くて靏《つる》おり立《たち》て
あさるを

腰長や靏脛《はぎ》ぬれて海涼し

武陵芭蕉翁桃青

の懐紙は、この折に染筆されたものか。「元禄二年夏象潟一見」とした懐紙には「きさがたの」「ゆふばれや」に並べて、

象潟や苫屋《とまや》の土座も明安し　曾良

きさがたや海士《あま》の戸を敷《しく》礒《いそ》涼《すずみ》　低耳

と記されている。低耳《ていじ》に同じ日に書き与えられたものと思われ、美濃国に伝えられてきた（現在、柿衞文庫蔵）。なお、『奥の細道』には、芭蕉の一句目の上中を「象潟や雨に西施が」、三句目の上五を「汐越や」とし、低耳の句は「蜑の家や戸板を敷て夕涼」に改めて収めている。曾良の二句、

象潟や料理何くふ神祭
波こえぬ契ありてやみさごの巣

は、不玉の編した『継尾集』に「蚶《キサ》潟や幾世になりぬ神祭り」「波こさぬ契りやかけし雎鳩《みさご》の巣」

として出るのが元々の句形で、『奥の細道』執筆に際して芭蕉が改めたものか。

今から二十数年前、「象潟の内、こしたけのしほと云處《いふ》にて」と前書をした「腰長」の句の短冊が昼食を摂りに入った汐越ヘルスセンターの中にガラスケースに入れて掛けてあったのを見た。当時、学界未紹介のものだったが、今は『芭蕉全図譜』などに真蹟として登載してある。真蹟か写しか、私にはまだ断言は出来ないでいる。「書留」には、次の句も録されている。

象潟や汐焼《たく》跡は蚊のけぶり　不玉

ただし、不玉は象潟に同行していない。

十八日は快晴。象潟橋まで行って鳥海山の晴嵐を見る。朝食後に出立。「アイ風吹《ふき》テ山海快《こころよし》」と日記に記される。「アイ風」は北国方言で東風のこと。酒田に帰着したのは暮れになってから。

24　再び酒田

○十九日　快晴。三吟始。明廿日、寺嶋彦助江戸へ被趣《おもむかるる》ニ因テ状認《したたむ》。翁より杉風、又鳴《なる》海《み》寂照・越人へ被遣《つかはさる》。予、杉風・深川長政へ遣ス。
○廿日　快晴。三吟。

○廿一日　快晴。夕方曇。夜ニ入、村雨シテ止。三吟終。
○廿二日　曇。夕方晴。
○廿三日　晴。近江や三良兵《さぶらうべ》へへ被招《まねかる》。夜ニ入《いり》、即興の発句有《あり》。
廿四日　朝晴。夕ヨリ夜半迄雨降ル。

十九日。快晴。この日から玄順(不玉)宅において芭蕉・不玉・曾良の三人で、
温海《あつみ》山《やま》や吹浦かけて夕涼　翁
を発句に歌仙を巻き始める。芭蕉・曾良主従は、明日江戸に出立するという寺島彦助に託するための手紙を書く。すなわち、芭蕉は杉風《さんぷう》と鳴海の寂照《じやくしよう》(下里知足)、名古屋の越人《えつじん》に宛てて、曾良は深川住の長政《ちようせい》に宛てて。長政については、未詳。寺島彦助については、鳴海の出身かと、藤井康夫氏は「空想」しておられるが、可能性は高い。彦助は、後年、享保元年(一七一六)に浦役人になっている(『荘内人名辞典』)。

翌二十日も快晴で、前日の三吟の続きを付けたが、満尾したのは二十一日になってからだった。この日も日中は快晴だったが、夕方になって曇、夜に村雨があった。二十二日は曇で、夕方に晴れる。

このころの動静はほとんど分からない。十三日に会覚から受けた餞別句「忘るなよ虹に蟬鳴山《なく》の

雪」に芭蕉が、

杉の茂りをかへり三ケ月

と脇を付け、不玉・曾良で一巡四句にしたのは、この間のことだろう。なお、この発句・脇を活かして三句目起しで後年に不玉・不白《ふはく》・釣雪・己百《きはく》で半歌仙とし、さらに如行《じょこう》・支考《しこう》で歌仙に満尾している（『継尾集』）。己百・如行は美濃の人。

二十三日は晴。「近江や三良兵《さぶらうべ》へ被招《まねかる》。夜ニ入《いり》、即興の発句有《あり》」と記される。この「即興の発句」が、現在本間美術館に蔵される、

あふみや玉志亭にして
納涼の佳興に瓜を
もてなして、発句を
こふて曰、句なきものは喰《くふ》
事あたはじと戯《たはむれ》ければ

初真桑四にや断ン輪に切ン　ばせを
初瓜《や》にかぶり廻しをおもひ出ヅ　ソ良
三人の中に翁や初真桑　不玉
興にめでゝこゝろもとなし瓜の味　玉志
元禄二年晩夏末

であることは疑いない。芭蕉の字だが、即座に書いた雰囲気が伝わる。玉志《ぎょくし》は「三良兵へ」の俳号である。この「あふみや」について、西鶴の『日本永代蔵』(貞享五年)に見える鐙《あぶみ》屋のこととされていたが、長田貞雄氏の調査と考証の結果、本町二之丁に住む酒田三十六人衆の長人《おとな》近江屋嘉右衛門の子の三郎兵衛であることがはっきりした。三郎兵衛は、後に嘉右衛門を襲名している。なお、鐙屋は三十六人衆の町年寄で、当時の当主は惣左衛門、本町三之丁に住んでいた。現在、鐙屋は一般観光客にも公開されている。

二十四日は、朝方は晴れて夕方から夜半まで雨が降ったと、これまた天気の記載しかない。

五　北陸道の雲に望む――鼠ヶ関から小松

25　鼠ヶ関へ

一　廿五日　吉《よし》。酒田立。船橋迄被送《おくらる》。袖ノ浦、向《むかひ》也。不玉父子・徳左・四良右・不白・近江や三郎兵・かゞや藤右・宮部弥三郎等也。未《ひつじ》ノ尅、大山ニ着。状添《そへて》而丸や義左衛門方ニ宿。夜雨降。

○廿六日　晴。大山ヲ立。酒田より浜中へ五リ近し。浜中ヨリ大山へ三リ近し。大山より三瀬《さんぜ》へ三里十六丁、難所也。三瀬より温海《あつみ》へ三リ半。此内、小波渡《こばと》・大波渡《おほばと》・潟苔沢《かたのりさは》ノ辺ニ鬼かけ橋・立岩、色々ノ岩組景地有。未ノ尅、温海ニ着。鈴木所左衛門宅ニ宿。弥三良添状有。少手前より小雨ス。及暮《くれにおよび》、大雨。夜中、不止《やまず》。

○廿七日　雨止。温海立。翁ハ馬ニテ直《すぐ》ニ鼠ヶ関被趣《おもむかる》。予ハ湯本へ立寄、見物シテ行。半道計ノ山ノ奥也。今日も折々小雨ス。及暮、中村ニ宿ス。

二十五日に酒田を発つことにした。『奥の細道』は、「酒田の余波《なごり》日を重《かさね》て、北陸道《ほくろくどう》の雲に望《のぞむ》」とある。天気は良好。不玉父子（不玉と玄的）・徳左（徳左衛門）・四良右（四郎右衛門）・不白・近江屋三良兵（三郎兵衛＝玉志）・加ゞや藤右（加賀屋藤右衛門＝任暁）・宮部弥三郎（低耳）その他、多くの人に「船橋」まで見送られた。船橋は「袖ノ浦、向也《むかひ》」と記されるので、最上川河口の右岸か。

海川や藍《あゐ》風《かぜ》わかる袖の浦　曾良

の句は、この折の詠かと思われるが、十八日の印象が反映していると感じても良い。「藍風」は、あいの風。酒田から五里近く歩いて浜中、さらに三里近く行って、未の刻（午後二時半ごろ）に大山《おおやま》に着き、紹介状を示して丸屋義左衛門に宿を取る。夜になって雨。

二十六日、雨も止み晴天の中、大山を発つ。三里と十六町で三瀬《さんぜ》、三里半で温海《あつみ》に未の刻に着く。浜温海と言われる方の温泉である。三瀬に出るには由良峠を通ったと推定されている。「難所也」と日記の上欄に書き込まれるのは、ここを言うのだろう。海岸に出て、小波渡《こばと》村・大波渡《おおばと》村・潟苔《かたのり》沢《ざわ》村（堅苔沢村）を通過する。現在の鶴岡市内だが、小波渡村はこの辺随一の漁村、堅苔沢村の西部が大波渡村で、やはり漁村だった。堅苔沢村の近くに鬼かけ橋・立岩などというういろの岩組があって景観だと記す。温海でも弥三郎の紹介状があって、鈴木所左衛門宅を宿とした。美濃の商人の弥三郎は、北陸筋の往来が多かったのか、方々の宿に紹介状を書いてくれて、以後、芭蕉たちは大助かりだった。温海に着く少し手前から小雨が降り出し、暮れになって大雨となり夜どおし止まなかった。

二十七日、雨が止んで出立。この日、主従二人は別々の行動をとることにする。芭蕉は、馬に乗ってまっすぐに鼠ヶ関《ねずがせき》を越えたが、曾良は鼠ヶ関を通らず、半道ほど山の奥の湯本(湯温海)を見て行くことにした。折々小雨のする日で、暮れに中村に到着、宿を取る。芭蕉とは中村で一緒になったはずである(この中村は、現在は北中と地名が変更されている)。芭蕉の通った道筋は記されないが、大星哲夫氏が鼠ヶ関から海岸を通って関川を渡り、原見村・中浜・府屋、そして海岸を離れて左に折れて勝木川(別名中村川)沿いに中村に到ったという公算が大きいと考察を加えている。

因みに鼠ヶ関は東国三関の一。古関址はJR鼠ヶ関駅の南側になるが、江戸時代の関所は国道七号線の所にあった。ここを越えてしばらく行くと、越後路に入る。元和八年(一六二二)から庄内藩領で、庄内から出る者を見張っていたという。

なお『奥の細道』では、鼠ヶ関から市振の関までの越後路について「此間九日《このかんここのか》、暑湿の労に神《しん》をなやまし、病おこりて事をしるさず」とするが、言われるように不愉快なことがあって記さなかったとは、到底考えられず、また文字通り病気になったからでもない。本文構成上のことだろう。「此間九日」とは、俗にいう「越後路十日」をひねって用いた。

26　村上

○廿八日　朝晴。中村ヲ立、到蒲萄《ぶだう》(名ニ立程ノ無レ難所《なんじよなし》)。甚雨降ル。追付止《おつつけやむ》。申《さる》ノ上刻ニ村上ニ着。宿借テ城中へ案内。喜兵・友兵来テ逢。彦左衛門ヲ同道ス。
○廿九日　天気吉。昼時(帯刀公ヨリ百疋給)喜兵・友兵来テ、光栄寺へ同道。一燈公ノ御墓拝。道ニテ鈴木治部右衛門ニ逢。帰、冷麦持賞《もてなす》。未《ひつじ》ノ下尅、宿久左衛門同道ニテ瀬波へ行。帰、喜兵御隠居より被下物《くだされもの》、山野等より之奇物持参。又御隠居より重之内被下《くださる》。友右より瓜、喜兵内より干菓子等贈。

二十八日、朝晴れた中に中村を出立。葡萄峠(武動峠)に到ったとき、激しい雨になったが、おっつけ止んだ。因みに、この「追付止《おつつけやむ》」の記載を、ある著者は、芭蕉に追い付いて休んだ意味に取れるというが、無理だろう。言われるほどの難所ではなかったと記すが、相当きつい所だったようだ。申の上刻(午後四時前後)に村上に到着する。榊原侯十五万石の城下町だった。

曾良の村上入りについては、谷沢尚一氏が明らかにされたのだが、貞享四年(一六八七)七月二十九日に亡くなっていた曾良の旧主筋にあたる榊原良兼の三回忌の墓参を果たす目的があったというのである。良兼について、谷沢氏は禄高二千四百石の筆頭家老とするが、鈴木鉀三氏は、家老とは別の扱いがされていると述べ、白石悌三氏は陣代家老とする（『おくのほそ道』講談社文庫）。ともあれ、藩主の家から出た一族である。

さて、村上に着いた曾良は、まず宿を借りておいて城中に連絡をやったところ、すぐに喜兵衛と友兵衛が彦左衛門を同道して会いに来たと記す。この「城中」は次に記す榊原帯刀《たてわき》の屋敷のことと考えられる。屋敷は、大手門を入った右側、今の市役所の所にあったといわれる。

翌二十九日も天気がよかった。昼時に喜兵衛と友兵衛が来て、光栄寺に同道する。帯刀公から百疋（銭二貫五百文）を賜ったと記す。光栄寺は、榊原家の国附菩提寺で帯刀の父良兼の墓があった。当時は長井町奥にあった慶雲寺を借寺していて、宝永元年の榊原氏移封にともない姫路、ついで高田に移ったという。曹洞宗。日記には「一燈公ノ御墓拝」と記すが、「一燈公」すなわち大乗院法岩一燈居士は良兼の法号。命日に合わせての墓参で、たぶん曾良は計算の上での村上到着だったと思われる。

途中、鈴木治部右衛門に逢ったとも記す。治郎右衛門のことで、乙村《きのと》の出身。曾良とは同門であったのではないかと、鈴木氏の推察である。日記に記される喜兵衛・友兵衛・彦左衛門・治部右衛《ママ》門ら、皆昔馴染みであったように感じられる。

かつて曾良は、伊勢長島の城主松平佐渡守良尚の家士であった。貞享二年（一六八五）秋に主君が剃髪隠居、同時に曾良は江戸に出たと想像されている。良兼は、良尚の三男で、寛文九年（一六六九）

に榊原若狭の養嗣子となって家督を継ぎ、延宝初年ごろに村上に移り、この地で歿した。ところで、深川には榊原家の下屋敷があり、その隣に佐渡守の縁筋にあたる桑名の領主越中守定重の抱屋敷があったが、芭蕉庵ともほど近い所だったという。良兼も、長島時代に曾良を見知っていたとして不思議ではなく、その縁で曾良は、この下屋敷内に住していたのではあるまいかと、谷沢氏は推察しているようだ。良兼の訃報が江戸に届いた折、丁度曾良は芭蕉と共に鹿島詣に赴いていたのであって、良兼墓参は、その折からの念願であったと考えられる。

帰って、冷や麦のもてなしを受ける。未の下刻に宿の久左衛門の案内で、村上の西の方にある海岸瀬波に行く。日記に「帰、喜兵御隠居より被下物《くだされもの》」とあるのは、上野洋三氏の言うように、宿に帰ると、喜兵衛が御隠居からの下され物として「山野等より之奇物」を持参した意味。「御隠居」が誰かは不明だが、榊原家の人物だろう。御隠居からは重の内も頂いた。友右衛門からは瓜、喜兵衛の内儀からは干菓子などを貰う。この親しさからは、やはり旧知だと考えざるをえまい。久左衛門も宿屋ではなかったと見られている。なお、鈴木氏によって喜兵衛が榊原帯刀の家来の斎藤喜兵衛であることが明らかになっている。

27 出雲崎まで

一　七月朔日　折々小雨降ル。喜兵・太左衛門・彦左衛門・友右等尋《たづね》。喜兵・太左衛門ハ被見立《みたてらる》。朝之内、泰叟院(寺)へ参詣。巳《み》ノ尅、村上ヲ立。午《うま》ノ下尅、乙《きのと》村ニ至ル。次作ヲ尋、甚持賞《もてな》ス。乙宝寺《おつぼうじ》へ同道、帰而《かへりて》つゐ地村、息次市良方へ状添遣《そへつかは》ス。乙宝寺参詣前大雨ス。則刻止。申《さる》ノ上尅、雨降出。及暮《くれにおよび》、つゐ地村次市良へ着、宿。夜、甚強雨ス。朝、止、曇。

二日　辰《たつ》ノ刻、立。喜兵方より大庄や七良兵へ方へ之状は愚状に入《いれ》、返ス。昼時分より晴、アイ風出。新潟へ申ノ上刻、着。一宿ト云、追込宿之外は不借《かさず》。大工源七母、有情《なさけあり》、借《かす》。甚持賞ス。

○三日　快晴。新潟を立。馬高ク、無用之由、源七指図ニ而歩行ス。申ノ下刻、弥彦ニ着ス。宿取テ、明神へ参詣。

○四日　快晴。風、三日同風也。辰ノ上刻、弥彦ヲ立。弘智法印像為《おがむため》レ拝。峠より右へ半道計行。谷ノ内、森有、堂有、像有。二三町行テ、最正寺ト云所ヲ、ノズミト云浜へ出テ、十四五丁、寺泊ノ方へ来リテ、左ノ谷間ヲ通リテ、国上《くがみ》へ行《ゆく》道有。荒井(谷)ト云塩浜ヨリ壱リ計有。寺泊ノ方ヨリハ、ワタベト云所へ出テ行也。寺泊リノ後也。壱リ有。同晩、申ノ上刻、出雲崎ニ着、宿ス。夜中、雨強降。

○五日　朝迄雨降ル。辰ノ上刻止。出雲崎ヲ立。間モナク雨降ル。至柏崎ニ《かしはざきにいたる》、天や弥惣兵衛へ弥三良状届《とどけ》、宿ナド云付《いひつく》ルトイヘドモ、不快シテ出ヅ。道迄両度人走《はしらせ》テ止《とむ》、不止《とまらず》シテ出《いづ》。小雨折々降ル。申ノ下尅、至鉢崎。宿たわらや六郎兵衛。

七月一日(グレゴリオ暦で八月十五日)、この日は折々小雨の降る日となった。出立に際して喜兵衛・太左衛門・彦左衛門・友右衛門らを訪ねる。朝の間に泰叟寺に参詣した。藩侯の菩提寺である。現在の寺町の浄念寺(浄土宗)のことだという。喜兵衛・太左衛門に見送られて巳の刻に村上を発つ。午の下刻に乙村《きのと》(旧・北蒲原郡中条町、現・胎内市)に着いた。早速に次作を訪ね、大層なもてなしを受けたという。この次作は、鈴木氏が満福寺(村上市羽黒町)の過去帳を調査されて、そこに記される乙村の治作(正徳元年四月十日歿)のことかと言う。乙村には、現在も治作屋敷と称される土地があるとのことだが、それ以上のことは分からない。

大雨が降ったが、すぐに止んだ。止んでから、次作に案内されて乙宝寺《おつぽうじ》に詣る。『今昔物語集』や『古今著聞集』など猿の伝説で知られる古刹。天平八年(七三六)の開基と伝えられ、村上城主忠勝の発願によって元和六年(一六二〇)に完成した三重塔は、現在重要文化財に指定されている。乙宝寺参詣から帰って、次作は築地村《ついじ》(旧・北蒲原郡)に住む息子の次市郎に紹介の手紙を書いてくれた。申の上刻に雨が降り出し、日暮れになって次市郎宅に着いた。夜、雨が激しく降ったが、朝方に止む。

二日、曇天の中、辰の刻に出立。日記には「喜兵方より大庄や七良兵へ方へ之状は愚状に入《いれ》、返ス」とある。村上の喜兵衛から築地村の大庄屋の七郎兵衛宛の紹介状を貰っていたのだが、次作が息子の次市郎の家を紹介してくれたので七郎兵衛宛の紹介状を使うことがなくなった。その旨を記して、喜兵衛に紹介状を返送したというのだろう。なお、七郎兵衛は、榊原藩の古文書「御領分村数七百九十一ヶ村」に「築地組　大庄屋桑野七郎兵衛」と見える人物だろうが、屋敷跡は不明とのことである(大星哲夫氏)。

「昼時分より晴、アイ風出」と記されるところについて、幸いに順風のアイ風が出た意味だと考える人もあるようだが、これだけでは読みとれない。ここも大星氏によると、築地村から藤塚浜に出て海岸沿いに松崎《まつがさき》まで行って左に折れ、大仏(河渡《こうど》村)の舟渡から阿賀野川の対岸の中木戸か下木戸に渡ったと推察される。当時の川幅は一キロ余もあったと想像されるとも言う。ともあれ、阿賀野川や信濃川の水流は大きく変化し、地名も動いている。新潟へは申の上刻に到着した。

乙宝寺の三重塔

　宿を求めたが、一宿の者には追込《おいこみ》宿《やど》しか貸さないという。追込宿とは、大部屋に来る客を順々に入れていく雑居宿のことで、芭蕉たちが困っていると、「大工源七母」が情けある人で、宿を貸してくれたという。この「大工源七」について、以前は貧しい大工職人のことだとされていたが、昭和四十四年に当時新潟市役所に勤務する山下隆吉氏が毎日新聞に書いていた連載「町角繁盛記」の中で、文献から宿屋だったと考証推定されたそうだ。「甚持賞ス」つまり歓待を受けたと記される。

三日、快晴。新潟を出立したが、馬賃が高いので歩いて行ったら良いと源七に言われて歩行。申の下刻に弥彦《やひこ》に到着。宿を取ってから弥彦神社に参詣した。

四日も快晴。昨日と同じ風が吹く。辰の上刻に弥彦を出立。弘智法印像を拝もうと、峠から右へ半道ほど行く。観音寺村と麓村の中間地点を右へ折れ、猿が馬場峠を越えたことになるが、これが当時の北陸道だったとのことである。「谷ノ内、森有《あり》、堂有、像有」と描写されている。今も、二十メートルおきぐらいに地蔵像がポツポツと立っているという。二、三町歩いて西正寺《さいしょうじ》(日記には最正寺)があった。野積山《のづみやま》の中腹である。西正寺は開基を行基とする古刹。ここに弘智法印の肉身仏(即身仏つまりミイラ)が安置されている。弘智法印は下総の人で、貞治二年(一三六三)十月二日に寂した。三千風の『日本行脚文集』には参拝記がある。

野積《のづみ》という海岸の村に出た。ここから寺泊《てらどまり》の方に十四、五町歩いた所から、左の谷間を通って、荒谷(日記には荒井と誤る)という塩浜から一里ほど行くと国上《くがみ》に至ると記す。寺泊から行く場合は、渡部《わたべ》という所に戻って行くのだとも記す。「名勝備忘録」に記す「越山」が、この国上山で、関心が高かったはずである。申の上刻に出雲崎《いずもざき》に着いて宿す。夜中に雨が強く降った。

五日の朝まで雨が降っていた。辰の上刻に止んだので出立したが、間もなく再び降り出す。柏崎に着いて、弥三郎の手紙を天屋弥惣兵衛に届けて宿を頼んだ。日記の「宿ナド云付《いひつく》ルトイヘドモ、不快シテ出ヅ」について、従来は、天屋の態度に不快を感じた芭蕉が出ていったと解されていたが、ここは上野洋三氏の言うように、完全な誤読だろう。天屋が宿を手配してくれたのだが、その宿が「不快」だったので、そのまま出たのである。「道迄両度人走《はしらせ》テ止《とむ》、不止《とまらず》シテ出《いづ》」、つまり二度も人を走らせて芭蕉たちを止めようとしたのは、宿を頼まれた者だったわけだ。他ならぬ天屋からの紹介であったからだろう。両人はそのまま小雨の中を急いで中の下刻に鉢崎《はつさき》に至り、「たわらや六郎兵衛」に宿した。天屋は柏崎の大庄屋で市川氏。弥惣兵衛は季吟門の笑哉《しようさい》という俳人で、いわば同門でもあったのだ。「たわらや」は俵屋。西村氏と称する庄屋で、代々宿屋を業としていて、「六郎兵衛」は「六郎左衛門」の誤りという。

28　今町・高田

○六日　雨晴。鉢崎ヲ昼時、黒井ヨリスグニ浜ヲ通テ、今町へ渡ス。聴信寺へ弥三状届。忌中ノ由ニテ強而《しひて》不止《とまらず》、出《いづ》。石井善次良聞テ人ヲ走ス。不帰《かへらず》。及再三《さいさんにおよび》、折節雨降出ル故、幸ト帰ル。宿、古川市左衛門方ヲ云付ル。夜ニ至テ、各来ル。発句有。

○七日　雨不止故《やまざるゆゑ》、見合《みあはする》中ニ、聴信寺へ被招《まねかる》。再三辞ス。強《つよく》招ニク(クニ)及暮《くれにおよぶ》。昼、少之内、雨止。其夜、佐藤元仙へ招テ俳有テ、宿《やどる》。夜中、風雨甚《はなはだし》。

○八日　雨止。欲立《たたんとほっす》。強而《しひて》止テ喜衛門饗ス。饗畢《をはり》、立。未《ひつじ》ノ下尅、至高田《たかだにいたる》ニ。細川春庵ヨリ人遣シテ迎、連テ来ル。春庵へ不寄《よらず》シテ、先《まづ》、池田六左衛門ヲ尋《たづぬ》。客有。寺ヲかり、休ム。又、春庵ヨリ状来ル。頓而《やがて》尋。発句有。俳初ル。宿六左衛門、子甚左衛門ヲ遣ス。謁ス。

○九日　折々小雨ス。俳、歌仙終。

○十日　折々小雨。中桐甚四良へ被招《まねかれ》、歌仙一折有。夜ニ入テ帰。夕方より晴。

六日、雨が晴れて、昼ごろに鉢崎を出立。黒井(現・上越市内)からまっすぐに浜辺を通り、渡し船で今町《いままち》に渡る。荒川の下の渡船とのこと。聴信寺という寺に宿を願おうと弥三郎の手紙を持参したが、忌中とのことで、強いて無理を頼まずに出たところ、石井善次郎という人物がそのことを聞いて人を走らせて、今町で泊まるように勧めた。そのまま旅を続けると言って帰らなかったが、再三勧めるし、折から雨が降ってきたので、内心幸いに思って泊まることにした。宿は古川市左衛門宅。「云付ル」という記述から上野洋三氏は石井が宿を決めたのだと考える。大星哲夫氏が直江津の真行寺《しんぎょうじ》住職中戸賢亮師に手紙で教えを受けたところによると、芭蕉たちの泊まったのは、駅前の古川旅館の本家筋にあたる松屋という宿屋で、中央二丁目のパチンコ店の場所だということであった。この夜の俳筵に一座する義年《ぎねん》が主人の市左衛門であったのではないかと、大星氏は推察している。夜、土地の俳人たちが訪ねてくる。

文月や六日も常の夜には似ず

の芭蕉発句で、俳諧興行。連衆は左栗《さりつ》(石塚喜右衛門)・曾良・眠鷗《みんおう》(聴信寺)・此竹《しちく》(石塚善四郎)・布《ふ》囊《のう》(石塚源七)・右雪《ゆうせつ》(佐藤元仙)・義年の八吟二十句。久しぶりの風雅であった。

今の聴信寺

七日、雨が止まないので出立を見合わせていると、聴信寺から招待された。再三遠慮を申したが、強く招かれたので赴き、暮れ方に及んだ。夜、右雪こと佐藤元仙《げんせん》に招かれて泊まる。

星今宵師に駒ひいてとゞめたし　右雪

を発句に曾良・芭蕉・棟雪《とうせつ》・更也《こうや》(鈴木与兵衛)で五吟歌仙興行。『金蘭集《きんらんしゅう》』(文化三年)には曾良の筆になる懐紙を基に収められているが、途中に切れている箇所があり、全貌は不明。芭蕉は、三句までを懐紙に認めて記念に残した。「書留」も三句目までしか記録していない。元仙は『日本行脚文集』に「玄仙」と見える医師と同一人物としてよいだろう。この日、昼間に少し雨が止んだが、夜の間中激しい風雨となる。

八日に雨が止んだので出立しようとしたが、強く引き止められて喜衛門（喜右衛門）に御馳走になる。この人物も大星氏の調査によると、息の九郎右衛門が柏崎の天屋市川与三太夫の三女と結婚している。饗応が済んで出発した。

行《ゆく》月をとゞめかねたる兎哉　此竹
七夕や又も往還《ゆきき》の水方深く　左栗

の餞別句が「書留」に録されている。なお、今町到着直後の聴信寺の対応について、芭蕉たちが気を悪くしたように書かれているものが多いが、日記の読み誤りであろう。

未の下刻（午後三時前後）に高田に着いた。今なら、今町から二時間ほどの距離だという。細川春庵から人を迎えによこしたが、春庵宅に寄らず、まず宿を頼むことになっていた池田六左衛門宅に行ったところ、客があったので寺を借りて休んでいた。そこに、春庵からの手紙が届いたので、そちらに訪ねる。春庵は、寄大工町に住んだ町医者であったと判明している。

薬欄にいづれの花を草枕

の芭蕉発句に棟雪・更也・曾良で四吟俳諧を始める。「薬欄」は薬園の意味。医者である春庵に対する挨拶。この日は、一巡の四句までで終わったか。棟雪が春庵であるとしてよい。そのまま春庵の許に宿すこととしたが、池田六左衛門が息の甚左衛門をよこしたので会った。六左衛門は町年寄で、俳諧も嗜んだと大星氏の考察である。

九日は折々小雨。昨日の歌仙を満尾したが、五句目からの記録は残っていない。十日も折々小雨の日だったが、夕方から晴れる。中桐甚四郎宅(どういう人物か不明)に招かれて歌仙一折があったというが、作品は残っていない。夜に入って池田宅に帰る。

「書留」には「薬欄に」四句の次に「七夕」と前書して、

荒海や佐渡に横たふ天河《あまのかは》　翁

の句が記されている。この句を記した色紙も伝えられていたが(『芭蕉翁遺芳』)、これは、彦根の許《きょ》六《りく》の許を訪れた越中高岡の十丈《じゅうじょう》に乞われて、元禄十年九月に許六から贈られ、以降、同地に伝えられたものであった。後年に書かれた「銀河ノ序」(『本朝文選』所収)には出雲崎での吟とされているが、出雲崎で得た想を「七夕」の句として直江津か高田で披露したとするのが妥当であろう。「銀河ノ序」のバリアントと言える真蹟も多く書かれていて、その点では「松嶋ノ賦」と双璧であった。

なお、天の川は本州から佐渡にかからないとされてきたが、吉成邦雄氏は、七夕の夜つまりグレゴリオ暦八月二十二日午前三時三十分に、天の川が出雲崎から佐渡島にかかることを計算上証明されている(『天気図おくのほそ道』)。

29　金沢まで

○十一日　快晴。暑甚シ。巳《み》ノ下尅、高田ヲ立。五智・居多《こた》ヲ拝。名立《なだち》ハ状不届《とどけず》。直《すぐ》ニ能《の》生《ふ》へ通、暮《くれ》テ着。玉や五良兵衛方ニ宿。月晴。

○十二日　天気快晴。能生ヲ立。早川ニテ翁ツマヅカレテ衣類濡《ぬれ》、川原暫干ス。午《うま》ノ尅、糸魚川ニ着。荒や町、左五左衛門ニ休ム。大聖寺ソセツ師言伝《ことづて》有。母義、無叓《ぶじ》ニ下着、此地平安ノ由。申《さる》ノ中尅、市振ニ着、宿。

○十三日　市振立。虹立。玉木村、市振ヨリ十四五丁有。中・後ノ堺、川有。渡テ越中ノ方、堺村ト云。加賀ノ番所有。出手形入《いる》ノ由。泊ニ至テ越中ノ名所少々覚《おぼゆるものあり》者有。入善ニ至テ馬ナシ。人雇テ荷ヲ持せ、黒部川ヲ越。雨ツヾク時ハ山ノ方へ廻ベシ。橋有。壱リ半ノ廻リ坂有。昼過、雨為降《ふらんとして》晴。申ノ下尅、滑河ニ着、宿。暑気甚シ。

○十四日　快晴。暑甚シ。富山カヽラズシテ(滑川一リ程来、渡テトヤマへ別)、三リ、東石瀬野(渡シ有。大川)。四リ半、ハウ生子(渡有。甚大川也。半里計)。氷見へ欲《ゆかんとほつして》レ行、不往《ゆかず》。高岡へ出ル。二リ也。ナゴ・二上山・イハセノ等ヲ見ル。高岡ニ申ノ上刻着テ宿。翁、気色不勝《すぐれず》。暑極テ甚。不快同然。

十一日、快晴。巳の下刻（午前十時ごろ）に高田を発つ。甚だ暑い日だったと日記に記す。五智の国分寺（安国山津梁院）で丈六の五智如来を拝す。続いて、居多《こた》神社に参詣する。当時は居多の浜の岩戸山に社殿があったとのことで、現在とは両者の参拝の順序が逆になると言う。「名立《なだち》ハ状不届《とどけず》。直《すぐ》ニ能生《のふ》へ通、暮《くれ》テ着」と記される。当初名立に泊まる予定で紹介状を得ていたのだが、道が捗ったので真っ直ぐに能生《のう》まで行くことにして、暮れに到着したということであろう。名立も能生も西頸城郡内（名立は現・上越市、能生は糸魚川市）。玉屋五郎兵衛に泊まる。この夜の天気を「月晴」と記す。「西浜」と前書した、

小鯛《こだひ》さす柳涼しや海士《あま》がつま

の芭蕉句が「書留」に記されているが、この「西浜」は、西頸城郡の海岸を指すものかという相馬御風氏や殿田良作氏の意見に従うべきかと思われる（岩田九郎『諸注評釈芭蕉俳句大成』）。七月ころ、小鯛のよく取れてうまい季節だという。この句を記した懐紙も伝えられる。

十二日も快晴。能生を発って二里ばかり行った所に流れている早川を渡ろうとして芭蕉は滑ってつまずき、衣類が濡れてしまった。しばらくの間、川原で干したと記す。早川は川幅百五十メートルほどあっただろうという。午の刻に糸魚川《いといがわ》に到着して、新家町《あらや》（日記には荒や町）の左五左衛門方で休憩する。ここで後に赴く予定の大聖寺のソセツ師（未詳）へ、母義が無事に到着してこの地で平安にしていらっしゃる旨の伝言を頼まれる。申の中刻に市振《いちぶり》に着いて泊まる。『奥の細道』に見え

る市振での遊女の話は、いったん書き上げた後の推敲中に挿入した創作であったことが野坡本から分かる。

　一家《ひとつや》に遊女もねたり萩と月

の句も、もちろんその時に案じられたものである。

『奥の細道』市振の条は、

　今日は親しらず・子しらず・犬もどり・駒返しなど云《いふ》北国一の難所を越《こえ》てつかれ侍れば、枕引《ひき》よせて寝《いね》たるに……

と始まるが、右に記す難所は郷津《ごうづ》から市振に至る間にあり、東から犬もどり・駒返し・親しらず・子しらずの順で、犬もどりは十一日に、他は十二日に通過していたはずである。

十三日、市振発。虹が立っていた。十四、五町行った玉木村《たまのき》に越後と越中の堺川が流れている。越中に徒渡《かちわたり》すると、堺村(境村)と言い、加賀藩の番所(境関所)があった。芭蕉たちは入国だったので必要なかったが、出国の場合の出手形は入要だと記している。泊《とまり》に至ったが、ここに来て「越中ノ名所少々覚者有《おぼゆるものあり》」と記す。知っていた越中の名所《などころ》のいくつかを聞いたのであろう。入善《にゅうぜん》に来て馬に乗ろうとしたが、出払っていたのか馬がなかった。人を雇って荷物を持たせ、黒部川を越える。雨の続いたときは、増水するので山の方に廻るようにすれば橋があるとも記している。ただし、一里半ほどかかり、坂もあるとのこと。昼過ぎ、今にも雨が降り出しそうになったが、晴れる。中の下刻に滑川《なめりかわ》に着く。宿の暑気は甚だしいものだった。

十四日、快晴。暑さが酷い。滑川から一里ほどで、富山の方への道をとらずに常願寺川を渡って浜辺を行ったらしい。三里で東岩瀬(日記には東石瀬野)。ここで神通川の渡しを越えて(舟渡)四里半で放生津《ほうじょうづ》に着く。半里ほどで大きな庄川に至ったが、ここにも渡しがある。右に折れて氷見《ひみ》に行こうとしたが止めて二里ほどで申の上刻に高岡に着き、宿を取る。今日は、那古《なご》・二上山・石瀬野《いわせの》などの歌枕を見ることが出来たが、甚だしい暑さのために芭蕉も曾良も気分が勝れなかった。『奥の細道』には、歌枕の「担籠《たご》の藤浪」を訪れようとして断念したとする。

30　金沢

一　十五日　快晴。高岡ヲ立。埴生《はにふ》八幡ヲ拝ス。源氏山、卯ノ花山也。クリカラヲ見テ、未《ひつじ》ノ中刻、金沢ニ着。
京や吉兵衛ニ宿かり、竹雀・一笑へ通ズ、艮(即)刻、竹雀・牧童同道ニテ来テ談。一笑、去十二月六日死去ノ由。
一　十六日　快晴。巳《み》ノ刻、カゴヲ遣シテ竹雀ヨリ迎、川原町宮竹や喜左衛門方へ移ル。段々各来ル。謁ス。

一　十七日　快晴。翁、源意庵へ遊。予、病気故、不随《したがはず》。今夜、丑《うし》ノ比《ころ》ヨリ雨強降テ、暁止。
一　十八日　快晴。
一　十九日　快晴。各来。
一　廿日　快晴。庵ニテ一泉饗。俳、一折有テ、夕方、野畑ニ遊。帰テ、夜食出テ散ズ。子《ね》ノ刻ニ成。
一　廿一日　快晴。高徹ニ逢、薬ヲ乞《こふ》。翁ハ北枝・一水同道ニテ寺ニ遊。十徳二ツ。十六四。

十五日、快晴の中を高岡出立。埴生《はにゅう》八幡（現・小矢部市石動《いするぎ》町内）を拝する。『平家物語』に、木曾義仲が平家追討の祈願を込めた願文を奉納したとされる神社である。源氏山（平家が籠城して義仲に攻め落とされた源氏ヶ峯）・卯の花山（歌枕）からやはり義仲ゆかりの古戦場の倶利伽羅峠を越えて未の中刻に金沢に入った。『奥の細道』には「卯の花山・くりからが谷をこえて、金沢は七月中の五日也」と記す。「書留」に「かゞ入」とした芭蕉句、

早稲《わせ》の香やわけ入《いる》右は有磯海《ありそうみ》

が記されている。「有磯海」は越中の歌枕。十四日に氷見へ行こうとした心が反映していると見え

る。なお、道中に染筆を頼まれた折に字配りなどを整えるための下書きに用いたと思われる帳面の切れが伝わっていて（柿衛文庫蔵）、そこには初五を「稲の香」としたこの句と「荒海や」句、それに小松での「あなむざんや」句の前書が両面に記されている。表裏逆に書かれているので、上部を綴じたものと察せられる。

倶利伽羅不動

　加賀に入ってからの芭蕉の字には、一種独特の鋭さが見られ、「加賀風」と称されている。芭蕉生涯にわたって文字には不変の癖があると同時に、時々によって特徴が見える。その時その時代の芭蕉の俳諧に対する姿勢によるものと考えてよいが、なおそれ以上に芭蕉自身が折々に新たな試みをなしていたのだろう。このことを岡田利兵衛氏は「不易流行の筆蹟」といわれた（『芭蕉の筆蹟』）が、『奥の細道』自筆本の文字について疑問を表していた人たちは、これが理解できていなかったようだ。

　金沢に着くと、まず京屋吉兵衛に宿を借りておいて、当地の竹雀《ちくじゃく》と一笑《いっしょう》の許に到着の旨を言い遣る。竹雀は、亀田武富、通称を宮竹屋喜左衛門と言い、片町で旅人宿を営んでいた。後に加賀俳壇で活躍する小春《しょうしゅん》の次兄になる。一笑は、小杉氏、通称を茶屋新七という宮竹屋の向かいの葉茶屋。ところが、すぐにやってきたのは、竹雀と牧童《ぼくどう》の二人であった。一笑は十二月六日に亡くなっていたのだった。宿とした京屋吉兵衛は、浅野川小橋下流右岸の酒屋だったという。加賀での盆会の芭蕉句、

熊坂が其《その》名やいつの玉祭

は、この日の作。

なお、句空《くくう》が『柞原集《ははそばらしゅう》』(元禄五年)に「芭蕉翁、一とせの夏、越路《コシヂ》行脚の時」として載せる、

春なれやこしの白根を国の花

は、初五「風かほる」だったのを句空が恣意によって改めたものだが、加賀に入る前の作だろうか。

十六日、快晴。巳の刻に駕籠で迎えに来て、「川原町」の宮竹屋(竹雀宅)に移る。これは川南町が正しく、芭蕉主従は奥の十畳半の座敷に泊まったという(密田靖夫氏)。次々と人がやってきて会う。

十七日も快晴。芭蕉は、源意庵に赴いた。浅野川近くにあった北枝《ほくし》の庵かと推定されている。曾良は病気のために同行せず。文化年間に由誓《ゆうせい》が写した『俳諧𥡴扇録《しゅうせんろく》』に「立意庵において秋の納涼」として記される、芭蕉の、

赤〳〵と日はつれなくも秋の風

以下、小春・此道《しどう》・雲口《うんこう》・一水《いっすい》・北枝の発句は、この時の吟。「立意庵」は「玄意庵」の誤写。すなわち、源意庵のことである。「赤〳〵と」の句は、自画賛も多く残されていて、『奥の細道』には金沢から小松までの道中吟として用いている。『俳諧穐扇録』には、「巳文月十七日」とした、

人々の涼《すずみ》にのこるあつさかな　曾良

も併せて記されているが、曾良は、気分がすぐれなかったので、句のみ届けたのだという。夜、丑の頃(午前二時前)から強い雨が降り、暁に止む。

成学寺の芭蕉塚　宝暦五年
麦水連中の建立になる

十八日、十九日と快晴。十九日には人々の来訪があった。「翁を一夜とゞめて」と前書した小春の「寐《ね》る迄の名残也《なり》けり秋の蚊屋《かや》」に始まる歌仙(『ゆめのあと』に四句まで載る)が巻かれたというのは殿田良作氏の「曾良奥の細道随行日記補考――加賀に於ける」(『芭蕉研究』三号、一九四七年十一月)に言わ

れるように信じがたい。

二十日も快晴。松玄庵(松源庵とも)で一泉《いっせん》の馳走になり、

残暑暫《しばし》手毎《ごと》にれうれ瓜茄子　芭蕉

に始まる歌仙一折を興行。連衆は、一泉・左任《さにん》・丿松《べつしょう》・竹意《ちくい》・語子《ごし》・雲口・乙州《おとくに》・如柳《じょりゅう》・北枝・曾良・流志《りゅうし》・浪生《ろうせい》。この作品は曾良の「書留」に記されず、芭蕉真筆が小春の子孫に伝えられて『花のふるごと』(宝暦十三年)に収められた。大津の乙州の名の見えることが注目される。一泉は斎藤氏。武家であったらしい。麦水《ばくすい》の『貞享正風句解伝書』(明和七年)に「金沢犀川々亭の吟」とし、密田氏は、犀川大橋から蛤坂を入った左側、常徳寺の北側が松源庵跡とする。ただ、これが一泉の宅とはにわかに断定できないであろう。もともと松源庵は国泰寺の塔頭《たっちゅう》であったらしいからである。一泉は、その庵主だったか席を借りて芭蕉を招待したか、そういう可能性もある。『奥の細道』には「ある草庵にいざなはれて」と前書して「秋涼し手毎《てごと》にむけや瓜茄子」と改めて用いている。

「夕方、野畑ニ遊」と記す。殿田良作氏は、野畑すなわち野端山で野田山のことという。『卯辰集《うたつしゅう》』(元禄四年)に収まる「野田の山もとを伴ひありきて」と前書した「翁にぞ蚊屋つり草を習ひける」の北枝句は、この日の思い出を詠んだものだろう。今は、金沢市の南の方に野田山墓地という名が見える。庵に帰ってから夜食が出て、散会したのは子の刻(午前零時)になっていた。

二十一日も快晴。芭蕉は、北枝・一水と寺に遊んだ。「寺」は高厳寺で、そこの塔頭の一草庵に

遊んだのだとの言い伝えがあるようだ。曾良は高徹に投薬を乞うたという。病気のため同行しなかったのだろう。高徹は、服部元好という医師（『新版おくのほそ道』角川ソフィア文庫）。「十徳二ツ。十六四」と日記に記す。これは頂き物の記載だろうと密田氏は想像する。十徳二着、「四」は「匹」の誤記で、十六匹なら四百文にあたり草鞋銭として妥当な額だという。

31　金沢出立

一　廿二日　快晴。高徹見廻《みまふ》。亦、薬請《うく》。此日、一笑追善会《ゑ》、於□□（空白）寺興行。各朝飯後ヨリ集。予、病気故、未《ひつじ》ノ刻ヨリ行、暮過、各ニ先達《さきだつて》而帰。亭主ノ松《べつしよう》。

一　廿三日　快晴。翁ハ雲口主《あるじ》ニテ宮ノ越ニ遊。予、病気故、不行《ゆかず》。江戸ヘノ状認《したたむ》。鯉市・田平・川源等ヘ也。徹ヨリ薬請。以上六貼《でふ》也。今宵、牧童・紅爾等願滞留。

一　廿四日　快晴。金沢ヲ立。小春・牧童・乙州、町ハヅレ迄送ル。雲口・一泉・徳子等、野々市迄送ル。餅・酒等持参。申《さる》ノ上尅、小松ニ着。竹意同道故、近江やト云ニ宿ス。北枝　随之《これにしたがふ》。夜中、雨降ル。

一　廿五日　快晴。欲レ小松立《こまつをたたんとほつす》。所衆聞而《ききて》以北枝留《ほくしをもつてとどむ》（村）。立松寺ヘ移ル。多田八幡ヘ詣デヽ、真盛（実）が甲冑・木曾願書ヲ拝。終テ山王神主藤井伊豆宅ヘ行。有会《くわいあり》。終而《をはつて》此ニ宿。申ノ刻ヨリ雨降リ、夕方止。夜中、折々降ル。
一　廿六日　朝止テ巳《み》ノ刻ヨリ風雨甚シ。今日ハ歓生へ方《(ママ)》へ被招《まねかる》。申ノ刻ヨリ晴。夜ニ入テ、俳、五十句。終而《をはりて》帰ル。庚申《かうしん》也。

二十二日。快晴が続く。高徹が見舞いに来て、この日も薬を貰う。一笑の追善会が一笑の兄のノ松の亭主によって願念寺で厳修されたのだが、曾良は寺名を失念したのか日記にはそこを空白にしている。皆は朝飯後に集まったが、曾良は病気のために未ノ刻(午後二時過ぎ)に行き、暮れ過ぎに先立って帰った。

現在、浄土真宗大谷派願念寺は野町一丁目にあるが、芭蕉来遊当時は三丁目にあったという。ノ松が編んだ追悼集『西の雲』(元禄四年)には二十八人の手向けの発句が収められている。

塚もうごけ我《わが》泣《なく》声は秋の風　翁
玉よそふ墓のかざしや竹の露　曾良

曾良の句は、一笑の墓じるしが竹であったことを詠んだもの。『奥の細道』に名の見える何処《かしよ》も追悼の句を詠んでいる。何処は大坂道修町の薬種商、北国筋を往来する商人であったと思われる。現在、那谷寺に蔵される「とし頃、我を待《まち》ける人のみまかりけるつかにまうでゝ」と前書した懐紙は、芭蕉が小杉家のために書いて残したものだったが、同家は十四代目の折に家門が傾き流出したのを、ある商人が艮興庵東萊《こんこうあんとうらい》の許に持ってきて、東萊の勧めによって人日庵亀厳《じんじつあんきげん》が買ったものだと記した安政五年(一八五八)六月付の添え書きが付く。

二十三日。今日も快晴。芭蕉は、雲口の招待で宮ノ越(宮ノ腰)に遊んだ。真砂山(日和山)の麓あたりをいう。雲口は小野氏で、金沢から宮ノ腰へ行く街道筋の安江木町に住んでいた町人とされる。加賀に入る前に詠んだ「小鯛さす」の芭蕉句に付けた表六句は、この日の興行であろう。第三以下、小春・雲江(雲口)・北枝・牧童で付けるが、脇の作者名が無い(『金蘭集』)。宮ノ腰住の御船手足軽の杉野閏之だという所伝がある由であるが、だとすると、密田氏の言うように、芭蕉たちは加賀俳壇の長老(当時七十歳)というべき閏之を訪ねたことになる。閏之宅のあったはずの船手町は今の大野町六丁目とのことである。

曾良は病気のために同行せず、江戸の鯉市(杉風)・田平(田中平丞)・川源(長島藩士の川合源右衛門)への手紙を認めた。この日も高徹から薬を貰っている。「以上六貼《でふ》也」と記すが、意味は分からない。貼り薬だったのか。「今宵、牧童・紅爾等願滞留」というのは、金沢最後の晩だと言うので、牧童らが一緒に泊まっていきたいと願ったということであろうか。

二十四日、快晴の中を竹意と北枝同道で金沢を出立。餅や酒を持参して、小春・牧童・乙州が町はずれまで、雲口・一泉・徳子《とくし》らが野々市《ののいち》(現・石川郡内)まで送ってくれた。申の上刻に小松着。竹意が一緒だったので近江屋というところに宿し、北枝もそれに従った旨を記すが、意味は未詳。竹意に縁のある宿屋だったのか。

多太神社

北枝は、越前松岡までの二十五日間を芭蕉に同行した。加賀小松の生まれで金沢に移住し、早く『白根《しらね》草《ぐさ》』(延宝八年)などの貞門系俳書に入集、湖南の尚白《しょうはく》が編んだ蕉門系俳書『孤松《ひとつまつ》』(貞享四年)にも名が見えていた。道中に芭蕉から受けた教えが『山中問答《やまなかもんどう》』などにうかがえる。元禄四年に『卯辰集』を刊行、そこに北陸行脚時の芭蕉の作品を収めている。北陸蕉門の中心となった。なお、行脚中に芭蕉に蓑を贈り、「贈蓑」と前書した、

しら露もまだあらみのゝ行衛《ゆくへ》哉　北枝
(『猿蓑』)

の句がある。

二十五日も朝は快晴だった。小松を出立しようとしたが、この所の人々が、北枝を通じて芭蕉たちに逗留するようにと頼んできた。龍昌寺(日記には立松寺)に移り、多太《ただ》神社(現・上本折町)に詣で、『奥の細道』に記されるとおり、斎藤別当実盛の兜と奉納に際しての木曾義仲の願状を拝見した。「立松寺」が龍昌寺の誤記であることを河南地方史研究会の後藤朗氏が明らかにされたが、この寺は、

元文三年(一七三八)に金沢に移転し、元の龍昌寺は龍昌庵と称された由である。現在の小松市本折町の河島呉服店の向かいの地蔵堂のあたりが跡地であるという。

参詣を終えて日吉《ひえ》山王神社の神主藤村伊豆(俳号・鼓蟾《こせん》)宅に行き、

しほらしき名や小松吹《ふく》萩薄　翁

を発句に、鼓蟾《こせん》・北枝・斧卜《ふぼく》・塵生《じんせい》・志格《しかく》・夕市《せきし》・到画《とうかく》・歓生《かんせい》・曾良で四十四《よよし》を巻いた(「書留」には発句のみ記す)。竹意の名が見えないのは先に金沢に戻ったからであろう。北枝は続けて同行する。日吉神社は、多太神社とはそう離れてはいない所にある。

この日は、ここに泊まる。申の刻から雨が降り出し、夕方に止んだが、夜中にも折々降り出す。

二十六日、朝方に雨が止んだが、巳の刻から風雨が激しくなった。歓生宅に招かれ、

ぬれて行《ゆく》や人もおかしき雨の萩

の芭蕉発句で五十韻を興行(「書留」には三句迄を記す)。連衆は、享子《きようし》(歓生)・曾良・鼓蟾・北枝・志格・斧卜・塵生・季邑《きゆう》・視三《しさん》・夕市。歓生は、堤氏、越前屋七郎右衛門(久富哲雄氏による)で、小松泥町に住した。能楽師能順《のうじゆん》の弟子。享子はその俳号。終わって帰ったと記す。前夜に泊まった鼓蟾の宅か、それとも龍昌寺か不明だが、記載の仕方からは、前日、龍昌寺に宿を移していたように思えるので、後者かと思える。この夜、庚申待《こうしんまち》だった。現存する「わせのかや」「しほらしき」の句

に続けて「歓生亭にて」と前書した「ぬれて行や」を記す懐紙は、この折に歓生に書き与えたものであろう。

32　小松から山中へ

一　廿七日　快晴。所ノ諏訪宮祭ノ由聞テ詣。巳《み》ノ上刻、立。斧卜・志格等来テ留《とどむ》トイヘドモ、立。伊豆尽甚持賞《もてな》ス。八幡ヘノ奉納ノ句有。真(実)盛が句也。予・北枝　随之《これにしたがふ》。
一　同晩　山中ニ申《さる》ノ下尅、着。泉屋久米之助方ニ宿ス。山ノ方、南ノ方ヨリ北ヘ夕立通ル。
一　廿八日　快晴。夕方、薬師堂其外町辺ヲ見ル。夜ニ入、雨降ル。
一　廿九日　快晴。道明淵、予、不往《ゆかず》。
一　晦日　快晴。道明が淵。
一　八月朔日　快晴。黒谷橋ヘ行。
一　二日　快晴。
○三日　雨折々降。及暮《くれにおよび》、晴。山中故、月不得見《みることをえず》。夜中、降ル。
一　四日　朝、雨止。巳ノ刻、又降而《ふりて》止《やむ》。夜ニ入、降ル。

二十七日。快晴になった。丁度、ここの諏訪宮の祭礼の日だと聞いて参詣する。斧卜・志格らが来てなおも留まるようにと頼んだが、巳の上刻に小松を発った。藤村伊豆(鼓蟾)が本当によくしてくれた。なお、小松の建聖寺には、北枝の彫った芭蕉の木像が伝えられているが、久富哲雄氏の考察によれば、従来言われてきた元禄二年あるいは十四年ではなくて三年の作だという。

多太八幡に奉納の句を芭蕉が詠じ、曾良と北枝もならって詠んだ。『卯辰集』に「多田の神社にまうでゝ木曾義仲の願書　并《ならびに》　実盛がよろひかぶとを拝ス」として収める、

あなむざんや甲《かぶと》の下のきりぎりす　翁
幾《いく》秋か甲《かぶと》にきへぬ鬢《びん》の霜　曾良
くさずりのうら珍しや秋の風　北枝

がその時の句である。芭蕉発句は、初五を「むざんやな」として『奥の細道』に用いている。なお、先に記した「荒海や」と「稲の香」の発句を記した帳面の切れ(一四九ページ)の裏の多太神社の句の前書には、次のように記されている。

かゞの国こまつといふところ[の]たゞの神社に詣。宝物[の]実盛がきくからくさ[の]甲、おなじくにしきのき[れ]あり。樋口の次郎が使せしことゞも、まのあたりあ[はれ]におぼえ侍りて

([　]内は、下部が切れて読めず、推量した文字)

申の下刻(午後五時前後)に山中温泉着。泉屋久米之助方に宿した。久米之助は、当時十四歳。桃《とう》

夭《よう》という俳号で、後の加賀俳壇の一方の重鎮になるが、この号は芭蕉の命名。

桃の木の其《その》葉ちらすな秋の風(『泊船集』)

は、その時、桃夭に贈った句。

曾良は「書留」に次のような逸話を書きとどめている。

貞室、若クシテ彦左衛門ノ時、未《いまだ》[廿余トカヤ]、加州山中ノ湯へ入テ、宿泉や又兵衛ニ被進《すすめられ》俳諧ス。甚恥悔《はなはだはぢてくい》、京ニ帰テ始習《はじめならひ》テ一両年過《すぎ》テ名人トナル。来《きたり》テ俳モヨホスニ、所ノ者、布而《ふして》習之《これをならふ》。以後、山中ノ俳、点領(料)ナシニ致遣《いたしつかは》ス。又兵へハ今ノ久米之助祖父也《なり》。([ ]内はミセケチ)

この話は、『奥の細道』に活かされている。この日、山の方で南から北へ夕立が通った。

二十八日も快晴だったが、夜に入って雨が降る。この日の夕方、薬師堂(医王寺)など町の辺りを見物する。二十九・三十日も快晴だったが、両人の行動はよく分からない。日記からは芭蕉は二十九日に、曾良は三十日に大聖寺川の道明淵《どうみょうがふち》を見に行ったと思われる。二十九日付で芭蕉は大垣の如《じょ》行《こう》に手紙を書き、八月四、五日ごろにここを出立、敦賀辺を見巡り琵琶湖か美濃で名月を観て大垣に赴く予定と報じている。

八月一日(グレゴリオ暦で九月十四日)、快晴の日が続く。この日は大聖寺川に架かる黒谷橋まで見物に行く。後に句空が、「此《この》川くろ谷橋は絶景の地也。ばせを翁の平岩に座して手をうちたゝき、行脚のたのしみ爰《ここ》にありと、一ふしうたはれしもと自笑がかたりける」と、この時の様子を伝聞で記している(『草庵集』)。自笑《じしよう》は山中《やまなか》の俳人。彼の案内による山中見物であったと思われる。翌二日の日記には「快晴」と記すのみだが、芭蕉はこの日、曾良の代筆で小松の塵生宛に手紙を認めている。塵生が乾《ほし》うどんを添えて、天神に奉納する発句について芭蕉の意見を聞いてきたことに対する返状で、山中から再び小松に赴く旨を記している。三日は雨が折々降り、暮れになって晴れたが、夜中にまた降ったと記し、ここは山中《さんちゆう》なので月を見ることができないとも記している。四日、朝に雨が止んだが、巳の刻にまた降り出して止み、夜に入って三度降り出した。

馬かりて燕追《おひ》行《ゆく》わかれかな　北枝

道明淵

の発句による曾良・芭蕉の三吟歌仙(『卯辰集』)は、曾良との別れの俳筵なので、この日の興行だろう。後半は芭蕉と北枝の両吟になっていて、曾良と別れてから後に満尾したと察せられる。芭蕉の添削と評語を北枝が書き留めていて(『やまなかしう』)、いわゆる「翁直し」の一巻として著名。

滞在中、芭蕉と曾良に山中温泉を詠

んだ、

山中や菊は手折《たを》らじ湯の薫《にほひ》　翁
秋の哀《あはれ》入かはる湯や世の気色　ソラ

の句がある。芭蕉の句は、「わせのかや」句と併せて染筆した真蹟懐紙も伝えられていて、付属される「芭蕉翁発句伝来」によれば和泉屋で七枚染筆した一枚だという（ただし、確実な伝承とはにわかに信じられない）。他に、真蹟句文も伝わる。中下を「菊はたおらぬ湯の匂《にほひ》」として『奥の細道』に用いている。また、ここに「山中《やまなか》十景」と称される名勝があり、その一つ「高瀬漁火《たかせのいさりび》」の題で、芭蕉は、

いさり火にかじかや波の下むせび

と作った（『卯辰集』）。これは色紙に書いて桃妖に与えたと伝えられる。芭蕉は、桃妖との別れに際し、

湯の名残今宵は肌の寒からむ

とも詠んだ（『柞原集』）。

33　曾良と別れる

一　五日　朝曇。昼時分、翁・北枝、那谷へ趣《おもむく》。明日、於小松《こまつにおいて》ニ、生駒万子為出会《しゆつくわいのため》也。順従シテ帰テ、艮《(即)》刻、立。大正侍《だいしやうじ》ニ趣。全昌寺へ申《さるの》刻着、宿。夜中、雨降ル。
一　六日　雨降。滞留。未《ひつじ》ノ刻、止。菅生石(敷地ト云)天神拝。将監湛照、了山。

五日、朝は曇だった。昼時分に芭蕉と北枝は、明日の小松における生駒万子《まんし》の会に出るために山中を発ち、那谷《なた》寺に向かった。日記の記述で字の分からぬところがあるが、たぶん曾良が、両人を見送って宿に帰ってすぐに出発したという意味と思われる。

別れに際し、曾良は、

いづくにかたふれ伏《ふす》共《とも》萩の原

と詠んだ(記載の位置からは道中の作ではないかとも思える)。『奥の細道』では、曾良が、

行《ゆき》〳〵《ゆき》て倒《たふ》れ伏《ふす》とも萩の原

と詠じ、芭蕉も、

今日よりや書付《かきつけ》消さん笠の露

と詠んだとする。湖中《こちゅう》の『芭蕉翁略伝』(弘化二年)所収の真蹟写には前書を付けて「跡あらむたふれ臥《ふす》とも花野原」「さびしげに書付消さんかさの露」の形で載せるが、『奥の細道』を按配したものかとも疑われよう。「書付」は、順礼が笠に記す「乾坤無住/同行二人」の文字で、本来は弘法大師と二人という意味だそうだが、ここは同行する芭蕉・曾良の二人の意味。同じ意味で、この語は『笈の小文』にも用いている。

全昌寺の裏の山

『奥の細道』は(『芭蕉翁略伝』所収の真蹟写も)、病気のために曾良が芭蕉に先行して伊勢長島に赴いたのだとする。たしかに曾良は数日体調不良で投薬も受けていたが、以後の道中は順調で、芭蕉と同行できないような状態だったとは考えられない。それに、長島までの遠距離を、しかも単独行で先を急ぐことが、病気に際しての行動として考えられるだろうか。曾良が病気であったには違いないが、『奥の細道』の「曾良は腹を病《やみ》て」は文飾と考えられる。

ここまで基本資料として用いてきた曾良日記は、いうまでもなく曾良の日記なので、別れてからの芭蕉の動静について日記からは分からない。他の資料から芭蕉の行程を推測する。

ともあれ、曾良はこの日、「大正侍《だいしやうじ》」に赴き全昌寺に申の刻に到着、ここに宿した。前田利明七万石の城下町。『奥の細道』には「大聖持」と表記される。この地名は白山五山の一の名に由来するのだから「大聖寺」が正しいのだが、藩は貞享五年に「大正持」と記すように定めている(『加賀藩史料』四)。地名と寺院名とが混同するのを避けたかったからであろう。今は、加賀市大聖寺町。

那谷寺

『奥の細道』で、この夜に曾良が詠んだとする、

終夜《よもすがら》秋風聞《きく》や裏の山

は、自筆短冊も伝わり、『猿蓑』にも入るものだが、日記の記載から、行脚後の作とも考えられる。夜中に雨が降った。全昌寺は、曹洞宗で、城主の菩提寺であり、山中温泉の泉屋の菩提寺でもあった。泉屋の紹介によるものと考えられる。『奥の細道』の記述によれば、全昌寺は、今よりもはるかに大きな寺院であったようだ。

芭蕉と北枝は、予定通り那谷寺に参詣したものと思われる。ここは、寛永年間(一六二四―四四)に後水尾天皇の勅命によって藩主前田利常が再建したと伝えられる。高野山真言宗。『奥の細道』では、山中入湯の前に那谷寺参拝を置き、「奇石さまぐ\に古松植《うゑ》ならべて、萱ぶきの小堂岩の上に造りかけて、殊勝の土地也」と描写する。「那谷の観音に詣《まうづ》」と前書した、

石山のいしより白しあきの風　芭蕉

の真蹟懐紙(現存不明)は、小松の酒造家関谷家の主が、芭蕉を石山に案内した礼に貰ったものという。両人は、この日に小松に着いたはずである。

六日は雨になったため、曾良は全昌寺に滞在したが、未の刻に止んだので菅生石部《すごういしべ》神社(敷地天神ともいう)に参拝した。なお、曾良の日記にある「将監湛照、了山」という記載の意味については未

詳。「俳諧書留」の個所に、「全昌寺湛澄師」以下、白印・湛照・了山と見え、了山については「江戸白泉寺」と肩書を記すので、全昌寺滞在の人物か。

小松で芭蕉が出た「生駒万子の会」は、この日に興行されたはずだが、記録はない。万子は、本名生駒重信、通称伝吉。千石取りの加賀藩士だった。芭蕉から「野を横に」の短冊のことを聞いて黒羽まで求めにやらせたということ(三四ページ)が本当なら、この折に出た話だと考えられる。この後、芭蕉らは数日、小松に滞在する。多太神社奉納の「あなむざんやな」の芭蕉発句に享子(歓生)が脇を付け、鼓蟾《こせん》とで巻いた三吟歌仙(『一葉集』)は、この折の作だろう。歓生の連歌の師匠である能順と芭蕉が会したのも、この数日の間だったと阿部正美氏が推察している。塵生が奉納句について言ってきた「天神」は、能順が別当をしていた小松の天神だと考えられるとのことでもある。能順は、明暦三年(一六五七)、加賀小松創建に際して別当職として招かれ、以後ここに住んでいた。

六　蘇生の者に会うがごとく――吉崎から大垣

34　越前に

一　七日　快晴。辰《たつ》ノ中刻、全昌寺ヲ立。立花《たちばな》十町程過テ茶や有。ハヅレより右へ吉崎へ半道計、一村分《わけ》テ、加賀・越前領有。カヾノ方よりハ舟不出《いださず》。越前領ニテ舟カリ、向《むかう》へ渡ル。水、五六丁向、越前也。（海部二リ計ニ三国見ユル）。下リニハ手形ナクテハ吉崎へ不レ越《こせず》。コレヨリ塩越、半道計。又、此村ハヅレ迄帰《かへり》テ、北潟《きたかた》ト云所へ出。壱リ計也。北潟より渡シ越テ壱リ余、金津《かなつ》ニ至ル。三国《みくに》へ二リ余。申《さる》ノ下刻、森岡ニ着。六良兵衛ト云者ニ宿ス。

一　八日　快晴。森岡ヲ日ノ出ニ立テ、舟橋ヲ渡テ、右ノ方廿丁計ニ道明寺村有。少《すこし》南ニ三国海道有。ソレヲ福井ノ方へ十丁程往《ゆき》テ、新田塚《にったづか》、左ノ方ニ有。コレヨリ黒丸見ワタシテ、十三四丁西也。新田塚ヨリ福井、廿丁計有。巳《み》ノ刻前ニ福井へ出ヅ。苻（府）中ニ至ルトキ、未《ひつじ》ノ上刻、小雨ス。艮（即）、止。申ノ下刻、今庄ニ着、宿。

一　九日　快晴。日ノ出過ニ立。今庄ノ宿ハヅレ、板橋ノツメヨリ右へ切テ、木ノメ峠ニ趣《おもむき》、谷間ニ入《いる》也。右ハ火うチガ城、十丁程行テ、左リ、カヘル山有。下ノ村、カヘルト云。未ノ刻、ツルガニ着。先《まづ》、気比《けひ》へ参詣シテ宿カル。唐人ガ橋大和や久兵へ。食過テ金ケ崎へ至ル。山上迄廿四五丁。タニ帰。カウノヘノ船カリテ、色浜《いろのはま》へ趣。海上四リ。戌《いぬの》刻、出船。夜半ニ色へ着。クガハナン所。塩焼男導テ本隆寺へ行テ宿。

七日、快晴。曾良は辰の中刻に全昌寺を発った。橘（現・加賀市三木町内）を通り、そこから十町ほど行くと、茶屋があった。この茶屋が加賀と越前の境である。はずれから吉崎へ半道ばかり行った村は、加賀と越前と両方の領分になっている。その加賀の方からは舟を出すことが出来ず、越前領の方で舟を借りて北潟湖《きたかたこ》を対岸に渡った。加賀領なら出手形が要るが、越前領なら不要だったからである。水上、五、六町、二里ほどの所に三国が見えた。「下リニハ手形ナクテハ吉崎へ不レ越《こせず》」と記すが、これは浜坂・吉崎のどちらの番所も出国になるために出手形がなくては通過出来なかったことを言う（金森敦子氏）。ここから半道ほどで汐越《しおごし》である。ここには、汐越の松があった。今は、大きな松の残骸があるのみだが、この当時はまだ松林であったようで、『越前地理指南』（貞享二年）に「浦の上、砂山の頂に百本計あり」と記されているという。村はずれまで戻って北潟《きたかた》という所に出た。その間一里ほど。北潟から渡しを越えて一里余で金津（旧・坂井郡金津町、現・あわら市）に到る。ここから三国へは二里余と記すが、そちらへの道はとらず、申の下刻に「森岡」に着いて六郎兵衛に宿したというが、森田の誤記。今の福井市内。宿場である。『奥の細道』に従えば、芭蕉はこの夜、全昌寺に泊まったことになるが、それもたぶん文飾で、八日か九日のことだっただろう。『奥の細道』には、ここを出立する際に詠んだものとして、

庭掃《はい》て出《いで》ばや寺に散《ちる》柳

の句を載せる。『奥の細道』執筆時の作としてよい。

八日、曾良は、日の出(午前五時四十分)に森田を発つ。「舟橋」つまり舟を繋いでその上に板を渡した仮橋を渡った。九頭竜川を越えたのである。右の方二十町ばかりの所に燈明寺村(日記には道明寺村と誤る。現・福井市内)があり、少し南に三国街道が通っていて、それを福井の方へ十町ほど行くと新田《にった》塚が左の方にあると記している。新田義貞戦死の場所と伝えられる所で、当時の福井城主松平越前守光通がこの碑を建立した。「名勝備忘録」に「下台一間四方、碑六尺程」とした寸法と共に、簡単なスケッチを添えて「此所へ行《ゆく》」と記している。ここから十三、四町西に黒丸(現・福井市内)が見渡せた。

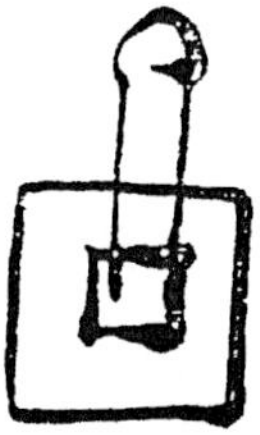

図4　新田塚の図(「名勝備忘録」より)

新田塚から福井へは二十町ほど。巳の刻前に福井に出、府中(現・越前市内)に着いたときは未の上刻であった。小雨があったがすぐに止む。申の下刻に今庄(旧・南条郡今庄町、現・南越前町)に到着、ここで宿した。

九日、快晴。この日も曾良は日の出過ぎに宿を出る。とうてい病人とは思えない。今庄の宿《しゅく》はずれの板橋のツメから右に切れて木ノ芽峠に行こうと、谷間に入っていく。右に燧ヶ城《ひうちがじょう》がある。木曾義仲の城跡。十町ほど行って左に歌枕の帰山《かえるやま》があり、その下の村を帰《かえる》という記している。未の刻に敦賀に到着。先に気比《けひ》明神に参詣してから唐人橋の大和屋久兵衛に宿を借りておいて、食事を摂ってから沈鐘伝説で知られる金ヶ崎に行く。新田義貞の籠もった城跡という。山上まで二十四、五町あった。夕方に宿に帰る。唐人橋《とうじんがはし》は港近くにあり、現在は今橋という由である。

さてそれから、曾良は急に河野《こうの》(旧・南条郡河野)へ行く舟に乗せてもらって、西行歌で知られる歌枕色浜《いろのはま》(色が浜・種が浜)に赴いた。海上四里。戌の刻(午後八時過ぎ)に出て、夜半に色浜に到着。「塩焼男」に案内されて本隆寺に行き、宿した。この事情に関しては、金森敦子氏の推測があたっているだろう。つまり、曾良としては大和屋に泊まり、翌日に色浜に行こうと思っていると宿の亭主に語ったところ、陸は難所なので舟で行く方がよく、幸いに今夜は河野に行く舟があるので便乗させてもらったら色浜に寄ってくれるだろうと教えられたというものである。色浜は僻地で定期便が出ていなかったともいう。「クガ(陸)ハナン所」と日記に記す

汐越の松　今は残骸が横たわるだけ

のは、たぶん宿の亭主に言われたことだろう。

仮にこの日の朝に芭蕉と北枝が全昌寺を出立したとすると、この日に越前国に入り、北潟湖(吉崎の入江)を舟で対岸の浜坂に渡り、汐越の松を訪ねたことになる。曾良は金津から森田へ赴き宿したが、芭蕉たちは金津から左の道をとって松岡に向かっている。天龍寺の長老と昔馴染みであったからだと『奥の細道』は記すが、これは事実だろう。当時の住職は六代目大夢和尚(貞享四年から元禄六年まで在職)。ここに泊まったと考えられる。

35　芭蕉、北枝との別れ

朝、浜出、詠ム。日連(蓮)ノ御影堂ヲ見ル。十日　快晴。巳刻《みの》、便船有テ、上宮趣。二リ。コレヨリツルガヘモ二リ。ナン所。帰ニ西福寺ヘ寄《より》、見ル。申《さる》ノ中刻、ツルガヘ帰ル。夜《や》前《ぜん》、出船前、出雲や弥市良ヘ尋。隣也。金子壱両、翁ヘ可渡之旨申頼預置《わたすべきのむねまうしたのみあづけおく》也。夕方ヨリ小雨ス。頓而《やがて》止。

一　十一日　快晴。天《てん》や五郎右衛門尋テ、翁ヘ手紙認《したため》、預置。五郎右衛門ニハ不逢《あはず》。巳ノ上刻、ツルガ立。午《うま》ノ刻より曇、涼シ。申ノ中刻、木ノ本ヘ着。

一　十二日　少曇。木ノ下(本)ヲ立。午ノ尅、長浜ニ至ル。便船シテ、彦根ニ至ル。城下ヲ過テ平田ニ行。禅桃留主《るす》故《ゆゑ》、鳥本ニ趣テ宿ス。宿カシカネシ。夜ニ入、雨降。
一　十三日　雨降ル。多賀へ参詣。鳥本ヨリ弐里戻ル。帰テ、摺針ヲ越、関ケ原ニ至テ宿。夕方、雨止。

十日。朝、曾良は浜に出て日の出を詠《なが》め、日蓮の御影堂を観る。今日も快晴。常宮《じょうぐう》(日記には上宮)へ行く便船があったので、巳の刻に出発した。常宮は敦賀湾の西で、色浜から二里、敦賀へも二里の地点。ここからは歩いたと思われるが、難所だったはずである。途中、浄土宗寺院の西福寺に寄って拝観、申の中刻に敦賀に帰着。夕方から小雨になり、やがて止んだ。「夜前《やぜん》、出船前、出雲や弥市良へ尋。隣也。金子壱両、翁へ可渡之旨《わたすべきのむね》申頼《まうしたのみ》預置《あづけおく》也」という「日記」の記載の「夜前」は、前日の夜の意味。九日の夜、河野に舟で渡る前に、大和屋の隣の出雲屋弥市郎に行って、数日後に芭蕉が来るはずなので、来たら渡してほしいと一両を預けておいたのである。これから、芭蕉が出雲屋に宿すことが予め決まっていたと分かる。

芭蕉たちが、九日夜に天龍寺に泊まったとすると、この日、北枝は芭蕉と別れて金沢に帰ることとなり、芭蕉は永平寺に赴くことにしたはずである。別れに際して、

もの書《かき》て扇子《あふぎ》へぎ分《わく》る別《わかれ》哉　翁
笑ふて霧にきほひ出《いで》ばや　北枝

永平寺

の唱和があった(『卯辰集』)。芭蕉句は、中下を「扇引《ひき》さく余波《なごり》哉」として『奥の細道』に用いる。

永平寺は、天龍寺から五十町ほど山に入った所にある。天龍寺は永平寺の末寺なので、大夢自身か誰かが案内したはずだと考えてよいだろう。斎藤耕子氏は、この日も天龍寺に泊まったとする。後の行程から考えると、そのように考えた方が都合よい。天龍寺から福井までは二里半というので、翌十一日、天龍寺で夕食を済まして後、今度も福井まで案内してもらったとする斎藤氏の推測は妥当である。『奥の細道』の「たそかれの路たど〱し」というのは文飾だろう。

十一日、快晴。曾良は天屋五郎右衛門を訪ねたが会えず、芭蕉への手紙を書いて預けておいた。五郎右衛門は、宮氏。回船問屋である天屋九代目の当主で、玄《げん》流子《りゅうし》という俳人だった。巳の上刻(午前九時前後)に敦賀を出立、午の刻(十二時前)から曇って涼しくなった。申の中刻(午後四時過ぎ)に木之本(現・滋賀県伊香郡木之

等栽宅跡の碑

本町）に着いた。敦賀から木之本まで、どのルートを通ったかは不明。

芭蕉は、この夜に福井に着いたとすれば、『奥の細道』に記すように、洞哉《とうさい》（『奥の細道』には等栽）を訪ねた。『奥の細道』には二泊したとするが、否定の材料も肯定の材料もない。斎藤氏は、予め芭蕉の行くことが大夢和尚から洞哉に連絡されていて、洞哉は俳諧仲間と相談して待ち受けていたもので、洞哉宅でなく宿屋に泊まったと推定している。従来、洞哉の旧号は、『新続犬筑波集』など多くの俳書に入集する可卿だとされてきたが、両者が全く別人であることを斎藤氏が明らかにされた。可卿は、貞室門で福井を中心とした地方の大宗匠であったが、洞哉は無名に近い俳人だった。現在、左内公園の道路に接した所に「等栽宅跡」の碑が建っている。なお、洞哉が貧しかったというのは、『奥の細道』の記載から後年に言い出されたことにしか過ぎないという斎藤氏の指摘も正しいだろう。

『奥の細道』における芭蕉が「等栽」宅をたずねた折の描写は次の通りである。

爰《ここ》に等栽と云《いふ》古き隠士《いんじ》有《あり》。いづれの年にか、江戸に来りて予を尋《たづぬ》。遥《はるか》十とせ余《あま》り也。いかに老さらぼひて有《ある》にや、将《はたしに》死けるにやと人に尋《たづね》侍れば、いまだ存命して、そこ〳〵と教ゆ。市中ひそかに引入《ひきいれ》て、あやしの小家に、夕皃《がほ》・へちまのはえかゝりて、鶏頭・はゝ木ゞに戸《と》ぼそをかくす。さては、此《この》うちにこそと門《かど》を扣《たたけ》ば、侘《わび》しげなる女の出《いで》て「いづくよりわたり給ふ道心の御坊《ごぼう》にや。あるじは此《この》あたり何がしと云《いふ》ものゝ方に行ぬ。もし用あらば尋給へ」といふ。かれが妻なるべしとしらる。

これは「むかし物がたりにこそ、かゝる風情は侍れ」と続けるように『源氏物語』夕顔巻の俤取りである。

十二日、少し曇。曾良は、木之本を発って、午の刻に長浜に着いた。そこから便船で彦根に至り、城下を通って平田に行き、禅桃《ぜんとう》を訪ねて泊めてもらおうとしたが、禅桃が留守だったので鳥居本(現・彦根市内。日記には鳥本)まで行って宿す。宿は「カシカネシ」と記す。禅桃は俳号だろうが、未詳。夜になって雨。この日の芭蕉は、福井滞在か。

現在の浅水の橋

十三日、雨の中、曾良は、鳥居本から多賀神社に参る。多賀の鳥居で有名な神社である。日記には二里後戻りしたと記されるので、小野小町の塚のある細道の方を通ったと考えられると、金森敦子氏は言う。鳥居本に帰って摺針峠を越えたので、中山道を通ることにしたことになる。関ヶ原に至って宿した。現在の岐阜県に入ったことになる。夕方、雨が止んだ。『奥の細道』によれば、芭蕉は、洞哉の案内で「名月はつるがのみなとに」と、たぶんこの日に福井を発った。

名月の見所《みどころ》問《とは》ん旅寝せむ（「芭蕉翁月一夜十五句」）

途中、歌枕の玉江と朝六つの橋（浅水《あそうず》の橋）に寄っている。

月見せよ玉江の芦をからぬ先（「芭蕉翁月一夜十五句」）
あさむつを月見の旅の明離《あけばな》れ（「芭蕉翁月一夜十五句」）

芭蕉の行程では、玉江が先だというのが通説だが、斎藤耕子氏によれば、福井に玉江という所があったのではなく、府中に向かう道中の川を指すもので、それを見て詠んだのが「月見せよ」の句で、「芭蕉翁月一夜十五句」や『奥の細道』に「あさむづの橋をわたりて、玉江の蘆は穂に出《いで》にけり」と記されるとおり、朝六つの橋→玉江の順でよいという。

一　十四日　快晴。関ケ原ヲ立。野上ノ宿過テ、右ノ方ヘ切テ、南宮ニ至テ拝ス。不破修《しゅ》理《り》ヲ尋テ別龍霊社ヘ詣。修理、汚《を》穢《わい》有テ別居ノ由ニテ不逢《あはず》。弟、斎藤右京同道。ソレヨリスグ道ヲ経テ、大垣ニ至ル。弐里半程。如行ヲ尋、留主。息、止テ宿ス。夜ニ入、月見シテアリク。竹戸《ちくこ》出逢。清明。

一　十五日　曇。辰《たつ》ノ中尅、出船。嗒山《たふざん》・此筋《しきん》・千川・暗香ヘノ状残《のこす》。翁ヘモ残ス。如行ヘ発句ス。竹戸、脇ス。未《ひつじ》ノ尅、雨降出ス。申《さる》ノ下尅、大智院ニ着。院主、西川ノ神事ニ而《て》留主。夜ニ入テ、小寺氏ヘ行、道ニテ逢テ、其夜、宿。

十四日、快晴の中を曾良は関ヶ原を発った。野上の宿を過ぎて、右の方に切れて南宮大明神を拝した。今の垂井町内にある。神官の不破修理《しゅり》を訪ねて摂社の一つ別龍霊社へ詣でたが、修理は「汚《を》穢有《わいあり》テ別居」つまりお籠《こも》りの最中だとのことで会えず、弟の斎藤右京太夫がここから大垣まで同行してくれた。二里半ほどで大垣に至り、まず如行《じょこう》を訪ねた。留守だったが、子息のすすめでここに宿す。夜に入って月見に歩くと、途中で如行の門人で鍛冶職の竹戸《ちくこ》に出逢った。月の綺麗な夜だったと記している。

芭蕉の前夜の宿所は未詳だが、この日の行程は、「芭蕉翁月一夜十五句」に記される発句（ただし、記載の順序は違う）と『奥の細道』の記載「鶯の関を過て湯尾峠を越れば、燧《ひうち》が城、かへるやまに初《はつ》鴈《かり》を聞《きき》て、十四日の夕ぐれつるがの津に宿をもとむ」から察しがつく。福井から敦賀まで通常二、三日の距離だという。

まず、福井と敦賀の中間にある武生《たけふ》の南東に見える比那《ひな》が嶽《だけ》を見て詠んだ句、

あすの月雨占《うら》なはんひなが嶽

鶯の関は歌枕で、府中と湯尾《ゆのお》の間にある関の原。湯尾峠にかかって、

月に名をつゝみ兼《かね》てやいもの神

「芭蕉翁月一夜十五句」がこの句に「木の目峠　いもの神やど札有《あり》」と前書するのは間違いで、『ひるねの種』(元禄七年)に「湯尾」とするのが正しい。畢竟、芭蕉が若狭に出るのに木ノ芽峠を通らず、山中峠を通った証しになると金森氏は言う。

燧ヶ城《ひうちがじょう》で、

義仲の寝覚の山か月かなし

と詠ず。帰山《かえるやま》も歌枕で、南条郡今庄町(現・南越前町)付近。「越の中山」と前書した、

中山や越路も月はまた命

の句があるが、この近くに「中山」は無い。句意から見ても越前と若狭の中の山と見てよく、そうであれば、金森氏の言われるように山中峠のこととなるだろう。曾良は木ノ芽峠、芭蕉は山中峠を越えて若狭に入ったのである。そして、気比《けひ》の海を詠んだ、

気比明神

国々の八景更に気比の月

が記されている。『奥の細道』に書くように、この日の夕暮れに敦賀に入り、宿を取ってから、気比明神に夜参したことであろう。「社頭神さびて、松の木の間に月のもり入《いり》たる、おまへの白砂、霜を敷《しけ》るがごとし」という『奥の細道』の記述は当夜の印象に基づくものと考えてよい。代々の遊行上人が廻国のとき必ず気比明神にきて砂石を運ぶというしきたりがある。砂を運んで参道を修復した他阿《たあ》上人(遊行二世)の苦労をしのんでのことという。この年も遊行上人の巡錫があったと思われ、いつもより白砂が輝いて見えたのであろう。

なみだしくや遊行のもてる砂の露

と染筆した短冊が現地に伝わっている(但し、この短冊は、それまでは敦賀になかったものを琴路《ことじ》が晩年になって入手したもので、斎藤耕子氏はこの句形自体に疑問を表明されている)。初五を「月きよし」とした短冊もあり、「芭蕉翁月一夜十五句」には、初五「月清し」、座五「砂の上」と、既に『奥の細道』と同じ句形で見えているので、すぐに改稿したようだが、なお『奥の細道』自筆本では、最初に初五を「露清し」として貼り紙で「月清し」と改めている。いろいろと迷っていたのか、単に誤写したのか。宿は出雲屋弥七郎であったはずだ。

十五日の名月の日。辰の中刻に曾良は、大垣を発つ。曇天だった。嗒山《とうざん》・此筋《しきん》・千川《せんせん》・暗香《あんこう》のほか、後でここに到着する予定の芭蕉にも手紙を書き残しておいた。如行に対する発句を作り、竹戸が脇を付けたが、この作品は残っていない。未の刻から雨が降り出す。申の下刻に伊勢長島の大智院に到着。大垣の舟町港から乗船して、水門川から揖斐川に出て下ったものだろう。当時の第四世住持良成は、曾良の伯父であった。もっともこれには異論があって、三代と四代の間にここを守っていた秀精だという説も出されている。

住職は、折から西川弁才天の神事で留守だった。夜に入って小寺氏へ行こうとしたら、道の途中で会い、そこに宿した。小寺五郎左衛門は、曾良と同じ吉川惟足《きっかわこれたる》門と想像され、長島藩士だったかとされる。

芭蕉にとっては、念願の名月の日だったが、『奥の細道』に記されるように雨になってしまったと思われる。

月のみか雨に相撲もなかりけり（「芭蕉翁月一夜十五句」）

名月や北《ほっ》国《こく》日《び》和《より》定《さだめ》なき（「芭蕉翁月一夜十五句」）

「名月や」の句は、後に『奥の細道』に用いる。また、

月いづく鐘は沈める海の底（「芭蕉翁月一夜十五句」）

の句も、「おなじ夜、あるじの物語に」伝説を聞いて詠んだ旨、『俳諧四幅対《しふくつい》』（享保四年）所収の前書に記されている。金ヶ崎で鐘を見て詠んだのではなく、主に伝説を聞いて作ったのだったのである。真蹟短冊も当地に伝わっている。

ふるき名の角鹿《つぬが》や恋し秋の月（「芭蕉翁月一夜十五句」）

も、この頃の作である。「角鹿」は、敦賀の古名。

37　芭蕉、色浜に

○十六日　快晴。森氏、折節入来《じゅらい》、病躰談《だんず》。七ツ過、平右へ寄。夜ニ入、小芝母義《ぼぎ》・彦助

入来。道より帰テ逢テ、玄忠へ行、及戌刻《いぬのこくにおよぶ》。其夜ヨリ薬用。

十六日、快晴。藩医の森恕庵玄忠《げんちゆう》が(たぶん宿にしていた小寺氏宅にやってきて)曾良に「病躰」を談じた。病状について告げたということだろうか。七ツ過ぎ(午後四時過ぎ)に「平右」に寄る。平右衛門という人物だろうが、未詳。夜になって「小芝母義」と彦助がやってくる。続く「道より帰テ逢テ」というのは意味が分かりにくいが、ともあれ、藩医の玄忠の所に行き、戌の刻(午後八時ごろ)まで居て、今晩から薬を服用することになった。

十六日、空霽《はれ》たれば、ますほの小貝《こがい》ひろはんと、種《いろ》の浜《はま》に舟を走《はす》。海上七里あり。天屋《てんや》何某《なにがし》と云《いふ》もの、破籠《わりご》・小竹筒《ささえ》などこまやかにしたゝめさせ、僕《しもべ》あまた舟にとりのせて、追風《おひかぜ》時のまに吹着ぬ。浜はわづかなる海士《あま》の小家《こいへ》にて、侘《わび》しき法花寺《ほつけでら》あり。爰《ここ》に茶を飲《のみ》、酒をあたゝめて、夕ぐれのさびしさ、感に堪《たへ》えたり。

と、『奥の細道』に記されるごとく、この日、芭蕉は天屋五郎兵衛の案内で夕方まで色浜《いろのはま》に遊んだと考えてよい。天屋は先に曾良が芭蕉宛の手紙を預けておいた家だが、後世の琴路《ことじ》が記すところによると、「雨中のつれ〴〵俳諧する人やある」と芭蕉が問うたところ、「天屋の何某こそ、風雅に富る人也」と教えられて知人となったという(『蕉翁宿句帳』)。そのような伝説が出来ていたのだろう。琴路(一七一六—九〇)は敦賀の人。去来《きよらい》歿後、去来の叔父の娘が若狭小浜の吹田几遊《きゆう》に嫁すにあたり引出物として持参された素龍清書本『奥の細道』を、几遊歿後にゆずりうけたことで知られる。

この本は後に琴路の親戚の西村家に移り現在に伝わっている。

「その日のあらまし、等栽に筆をとらせて寺に残す」と『奥の細道』に記されるとおり、洞哉自筆の句文が、本隆寺に保管されている。洞哉の、実はこれが唯一の自筆資料となるものだが、安永以前に敦賀の俳人の手に移り、その後転々とした後、大正四年に当地の山本元が購求、その後また二人の手を経て昭和二十九年に本隆寺に寄贈されたもので、それまでは同寺に写しが保管されていたという。

本隆寺

小萩ちれますほの小貝小盃《こさかづき》　桃青

この句は、後に「浪の間や小貝にまじる萩の塵」と改めて『奥の細道』に用いられている。なお、敦賀の東《とう》恕《じょ》が編んだ『俳諧四幅対』(享保四年)には、この句に続けて、

淋しさや須磨にかちたる浜の秋

が記されていて、これも道中の作かと考えられる。

衣《ころも》着て小貝拾はんいろの月(「芭蕉翁月一夜十五句」)

「侘しき法華寺あり」と『奥の細道』に記されるように、本隆寺は、法華宗。もとは金泉寺という曹洞宗寺院だったが、応永三十三年（一四二六）に摂津の国尼崎本興寺の日隆が風雨に遭ってこの地に上陸、村民一同の帰依によって法華宗に改宗、本隆寺と改めたと伝える。

38　芭蕉の大垣滞在

○十七日　快晴。
○十八日　雨降。
○十九日　天気吉。
●廿日　同。
○廿一日　同。
○廿二日・廿三日　快晴。
廿四日　晴。
○廿五日　巳《みの》下刻ヨリ降ル。
○廿六日　晴。
廿七・八・九　晴。

九月朔日　晴。
二日　晴。大垣為行《ゆくため》。今《けふ》、申《さる》ノ尅ヨリ長禅寺へ行而《ゆきて》宿。海蔵寺ニ出会《しゆつくわい》ス。
●三日　辰《たつ》ノ尅、立乍《たちながら》行春老へ寄、及夕《ゆふべにおよび》、大垣ニ着。天気吉。此夜、木因ニ会。息弥兵へヲ呼ニ遣《つかは》セドモ不行《ゆかず》。予ニ先達而《さきだつて》越人着故《つくゆゑ》、コレハ行《ゆく》。
四日　天気吉。源兵へ、会ニ而《て》行。

十七日以降、九月一日までの長島滞在中の曾良の日記は、天気を記すだけである。すなわち、十七日快晴、十八日雨降る、十九日天気吉、二十日同、二十一日同、二十二日快晴、二十三日快晴、二十四日晴、二十五日巳の下刻から降る、二十六日晴、二十七日晴、二十八日晴、二十九日晴、九月一日晴。

芭蕉が敦賀を出たのは、後の行程から考えて、十八日と考えるのが妥当であろう。洞哉とはここで別れ、路通《ろつう》が前夜までに出迎えに来てくれていたと思われる。『奥の細道』に「露通も此《この》みなとまで出《いで》むかひて、みのゝ国へと伴ふ」とあるし、「翁の行脚を此みなとまで出むかひて」と前書した、

目にたつや海青々と北の秋　　路通（『俳諧四幅対』）

の句もある。

洞哉は、翌年秋に幻住庵に芭蕉を訪ねたらしく、「几《き》右《ゆう》日記」（『猿蓑』）に「等哉」の号で録されて

大垣　船町港跡

いる。近江国柏原の江水《こうすい》が撰んだ『柏原《かしわばら》集《しゅう》』（元禄四年）に収まる撰者江水と暮山《ぼざん》・洞哉の三吟歌仙は、この折の作品と考えられよう。この三人の関係については、岐阜羽島在の郷土史家古橋哲雄氏の最近の研究があり、江水は中仙道柏原の本陣の主人南部辰右衛門、暮山はその父で、芭蕉は、大垣に入る前に柏原の南部家に一宿した可能性もあるという（斎藤耕子氏『若越俳史』八十六号）。

それはともかく、芭蕉と路通は、たぶん曾良と同じ道を大垣に急いだことだろう。もっとも、井本農一氏は、それでは回り道になるので、木之本までは曾良と同じ北国街道を通ったが、そこからは道をやや東にとり、伊吹山の下から藤古川を越え、美濃国の玉に入り、関ヶ原を通って大垣に入る北国脇往還道を通った可能性が高いと見ている。

今まで引いてきた「芭蕉翁月一夜十五句」とは、路通が芭蕉の句を書き留め、序文を付けたもので、後世の写しのみが伝わっている。「一夜」というが、実は三日間の句であることは、既に記したとおりである。なお、「いま一句きれて見えず」とあり、現在知られるのは十四句。さて、そこに記される「元禄己巳中秋廿一日以来、大垣庄株《ママ》瀬川辺、路通敬序」という記載は、八月二十一日から杭瀬川《くいぜがわ》に滞在している路通という意味と解せられるので、曾良と同じ行程なら、同じ日数を要して、芭蕉と路通は、二十一日(グレゴリオ暦で十月四日)に大垣に入ったと思われるのである。宿は、最初から如行宅と考えるのが妥当だろう。如行は、近藤源太夫という大垣藩士だったが、致仕していたという。貞享元年に「野ざらし」の旅の芭蕉を宿して入門、以後親交が続いていた。芭蕉が山中から今後の予定を知らせていた人物である。芭蕉百箇日には船町の冷水山正覚寺に芭蕉の碑を建てて追善集『後の旅』(元禄八年)を編んでいる。

大垣に到着した芭蕉を人々は「蘇生《そせい》のものにあふがごとく」よろこんで出迎えた(『奥の細道』)。芭蕉を出迎えた大垣の人々は、『奥の細道』に「前川子《ぜんせんし》・荊口《けいこう》父子、其外《そのほか》したしき人々」と記されるが、前川は、津田氏、大垣藩の詰頭という要職を勤めていた。荊口も大垣藩士で、宮崎太左衛門。その子は、長男此筋《しきん》(父と同じく宮崎太左衛門)・二男千川《せんせん》(岡田治左衛門)・三男文鳥《ぶんちょう》(秋山景右衛門昌逸)、いずれも蕉門だった。

大垣滞在中、九月三日までの芭蕉の詳しい動静は分からない。「木因何某隠居をとふ《ぼくいんなにがし》」とした真蹟懐紙の句、

　　隠家《かくれが》や菊と月とに田三反　　ばせを

は、「木因亭」を賞したものだが、月末、月初めの詠ではないと思えるので大垣到着間もないころ

の作だろう。『未来種』によれば、この句に木因は「小者ひとりに侘《わぶ》も我が秋」と付けた。『笈日記』（元禄八年）には「月と菊」の句形で載っている。如行宅で、

胡蝶にもならで秋ふる菜むし哉　（芭蕉）
たねは淋しき茄子一もと　（如行）

の応酬があった（『後の旅』）のも八月の間と考えられる。
斜嶺《しゃれい》宅では、

そのまゝよ月もたのまじ伊吹《いぶき》やま

の句を詠じたところ、斜嶺は硯を取ってこの句を書きとどめたと記す（『後の旅』）。斜嶺は、高岡三郎兵衛というこれも大垣藩士。同じ時かどうか不明だが、路通にも次の句があり、後日、両句一緒に如水《じょすい》に披露されている（『如水日記抄』）。

おふやうに伊《い》吹《ぶき》颪《おろし》の秋のはへ

二十八日、美濃赤坂（現・大垣市）の虚空蔵（金生山明星輪寺宝光院）に参る。朱鳥《あけみとり》元年（六八六）役小角《えんのおづぬ》の開基と伝えられる真言宗寺院で虚空蔵菩薩を本尊としているために「虚空蔵」と通称される。大きな岩の中に秘仏として本尊を祀ってある。

鳩の声身に入《しみ》わたる岩戸哉　　ばせを(『漆島』)

さて、九月二日晴、曾良は大垣に行くために申の刻から同じ長島の長禅寺に行って宿した。理由は不明である。日記には「海蔵寺ニ出会ス」とも記すが、このことについても未詳。

三日、辰の刻に曾良は長島を発った。途中、行春(未詳)へ寄り、夕方、大垣に着く。天気は「吉」。日記には「此夜、木因ニ会。息弥兵ヘヲ呼ニ遣《つかは》セドモ不行《ゆかず》。予ニ先達而《さきだつて》越人着故《つくゆゑ》、コレハ行《ゆく》」と記す。木因宅の俳諧の会に木因の子息の弥兵衛が迎えに来たけれども、到着早々で疲れていたので出座しなかったが、この日、自分より早く着いていた越人《えつじん》は、会に赴いたという意味だと解されている。『奥の細道』には「駒にたすけられて、大垣の庄に入《いれ》ば、曾良も伊勢より来《きた》り合《あひ》、越人も馬をとばせて、如行が家に入集《いりあつま》る」と、芭蕉の大垣到着と同じ日のことのように記している。この日の木因亭での俳諧の記録は伝わっていない。

野あらしに鳩吹立《たつ》る行脚哉　　不知

以下、荊口・芭蕉・如行・左柳《さりゆう》・残香《ざんこう》・斜嶺・怒風《どふう》一座の半歌仙(『桃の実』)について、『金蘭集』は九月三日の作だとするが、もしもこの日に木因宅で俳諧が興行されていたなら、これは三日の作ではありえないことになる。左柳は、浅井源兵衛で大垣藩士。残香は、深田市右衛門と伝えるという。怒風は、斜嶺の弟で大垣藩士。

四日、天気吉。大垣藩の次席家老戸田如水《じょすい》が芭蕉と路通《ろつう》を室町の下屋敷に招いて対面した。当日の芭蕉・路通両人の風体について、如水はその日の日記に、芭蕉は帷子を綿入れにした墨染めの布裏の木綿小袖で、細帯に布の編み服、路通は白い木綿の小袖、数珠を手にしていたと記している。「心底難斗《はかりがた》けれども、浮世を安クみなし不諂不奢《へつらはずおごらざる》有様也《なり》」とも記し、如水の見識の高さを窺わせるようだが、実は「浮世を安クみなし不諂不奢《へつらはずおごらざる》有様」とは、隠者の風を言う際の常套的表現だったと言ってよい。

こもり居て木の実草の実拾はばや

の芭蕉発句に、如水が脇句を付け、さらに如行・伴柳《ばんりゅう》・路通・闇加《いんか》で付けた表六句が巻かれ、また、

それ〴〵にわけつくされし庭の秋

の路通発句に如水脇、芭蕉第三の三吟三物もあった（『如水日記抄』）。如水の日記によれば、如行がもう少し居るようにと誘ったようだが、大垣藩士衆との先約があると言って、暮れ時分に如水の下屋敷を出た。芭蕉・路通自筆の発句を、如水は下屋敷の壁に貼っておいた。

曾良の日記によれば、この日、左柳（浅井源兵衛）宅にて俳諧の会があった。

はやう咲《さけ》九日も近し宿の菊　芭蕉

に始まり、左柳・路通・文鳥・越人・如行・荊口・此筋・木因・残香・曾良・斜嶺で巻いた十二吟歌仙（『桃の白実』）がそれで、如水の下屋敷を辞してからの催しであった。

39　再び旅に

五日　同。
六日　同。辰尅《たつのこく》出船。木因、馳走。越人、船場迄送ル。如行、今一人、三リ送ル。餞別有。申《さる》ノ上尅、杉江へ着。予、長禅寺へ上テ、陸ヲスグニ大智院へ到。舟ハ弱半時程遅シ。七左・玄忠由軒来テ翁ニ遇ス。
○七日　七左・八良左・正焉等入来《じゆらい》。帰テ七左残リ、俳有。新内モ入来。
○今宵、翁、八良左へ被行。今昼、川澄氏へ逢。請事有。寺へ帰テ金三歩被越。木因来ル。
○八日　雨降ル故、発足延引。俳有ドモ病気発シテ平臥ス。
○九日　快晴。出船。辰ノ尅、桑名へ上ル。壱リ余、暗ク津ニ着。

五日も天気は良かった。芭蕉たちが明日伊勢に向けて出立すると聞いた如水は、南蛮酒一樽、紙衣二表、芭蕉と路通の頭巾を用意するように、竹嶋町の旅宿清貞の亭主六郎兵衛まで申し遣わした

(『如水日記抄』)。清貞は、藩主や重臣の客を泊める所で、如水の計らいで芭蕉たちはここに移って出発に備えたのであろう。送別の宴が催されたことと思われる。

如行の門人に鍛冶職の竹戸《ちくこ》という人物がいたが、如行宅滞在中に按摩の労を取ってくれたことに謝し、芭蕉が旅中に携帯した紙衾《かみぶすま》と自筆の「紙衾ノ記」を贈ったところ、同席していた路通・越人がそれを羨んで、文を草して同じく竹戸に贈ったというのは、越人・曾良が大垣に来てから、たぶん出発前夜の五日のことだっただろう。「翁、行脚のふるき衾をあたへらる。記あり、略之《これをりやくす》」とした、

首出してはつゆき見ばや此衾　美濃竹戸

「題竹戸之衾」とした、

畳《たたみ》めは我が手のあとぞ紙衾　曾良

の句が『猿蓑』に並んで収められている。この「紙衾」は、旅中に最上川で某が作って芭蕉に贈ったもので、「北海の浦〳〵、野店山橋に、よるは敷《しき》、昼は負《おう》て、我やどに入て、竹戸と云《いふ》おのこにうちくれられし」と、如行が『後の旅』に記している。なお、この文から如行宅で竹戸に与えられたものだと解釈する必要は、当時の「て」の用法に照らして必要ない。

関の素牛に大垣の旅店を訪ねられて、

藤の実は俳諧にせん花の跡（『藤の実』）

と詠んだというのも、前書に「旅店」と記載するところから、この日である可能性が高い。ただし、その他の素牛《そぎゅう》についてのことは記されない。

その他、滞在中に此筋に望まれて「茅屋」の絵に、

むぐらさへ若葉はやさし破レ家

の賛を加えた（『後の旅』）。

西行の草鞋《わらぢ》もかゝれ松の露（『笈日記』）

の画賛句もこの頃の作である。

六日、天気のよい中を、辰の刻に舟で伊勢に向かう。曾良の案内で、路通も同行した。「木因、馳走」と記されているのは、回船問屋木因が店の舟を用立ててくれたことをいうのであろう。もっともこれも、如行が『後の旅』に「翁、此所《ここ》より伊勢へうつり給ふ時、我舟にて送り侍るに」とあるところから如行の舟を用いたようだという考えもあるが、「我舟」は我が舟の意味ではなく、私が舟に（同乗して）送ったという意味であろう。事実、如行ともう一人が舟で三里先まで送ってくれたと、曾良日記にも杉風宛の九月二十二日付芭蕉書簡にも記されている。木因も同乗しているので、

彼が店の舟で送ってくれたという方がよほど自然である。越人は、船場まで見送りに来た。

蛤のふたみへ別《わかれ》行《ゆく》秋ぞ

は、この時の留別吟で（九月二十二日付杉風宛書簡）、「ふたみに」と改めた懐紙が明治期まで藤堂新七郎家に伝えられていたが、これは芭蕉が新七郎家の当主良長（探丸《たんまる》）に贈ったものという。『奥の細道』は「伊勢の遷宮おがまんと、又舟にのりて、／蛤のふたみにわかれ行秋ぞ」と、この句形で終わっている。

三里を経た所で如行ともう一人には別れたが、木因は長島まで送ってくれた。

荻ふして見送り遠き別《わかれ》哉

が木因の餞別句。船中の興で、

秋の暮行《ゆく》さき〴〵の苫屋《とまや》哉　木因

に芭蕉・路通・曾良で付けた四句がある（「木巴遺筆」）。

申の上刻に杉江に着いて、曾良だけが上陸、長禅寺に寄って、すぐに陸路を大智院に急いだ。芭蕉たちの到着を知らせるためであろう。舟よりも半時ほど早く行けたと記している。吉田七左衛門（長島藩士）と医師の玄忠がやってきて芭蕉に面会した。

この後、芭蕉一行は、九月九日まで大智院に滞在した。七日には当地の連衆と俳諧が催されたが、作品は伝わっていない。この日、木因もやってきた。八日に発足する予定だったが、雨のために延期。この日、

一泊り見かはる萩の枕かな　路通

発句で、蘭夕《らんせき》・白之《はくし》・残夜《ざんや》・芭蕉・曾良・木因による歌仙(『芭蕉林』)が催されたが、曾良は病気で臥床した。

大智院滞在中にここで、

うきわれをさびしがらせよ秋の寺　ばせを

と詠み、色紙に書いて残した。この句、下五を「かんこどり」と改めて、元禄四年の『嵯峨日記』四月二十二日の条に記している。

九日、一行は、快晴の中を伊勢参宮の途に就く。舟で桑名まで行き、暗くなって津に到着、宿した。

40　続く旅

以下、芭蕉の旅程を略記する。翌十日は、久居《ひさい》の超善寺(日記には長禅寺)に泊まり、この日、故郷の卓袋《たくたい》(推定)に宛てて「遷宮過、追付《おつつけ》それへ可参候《まゐるべく》」と予定を報じ、借家を探しておいて欲しいと頼んでいる。同じ頃、芭蕉の姉婿と伝えられる山岸十左衛門(陽和《ようわ》)に宛てても、参宮後帰郷の旨を報じていた。

十一日には山田に到着。十二日に西河原の又玄《ゆうげん》(島崎味右衛門)方に居所を移し、十三日に内宮、十四日に外宮に参拝。十五日付で木因(推定)に宛てて、厄介になった礼状と無事に参宮を済ました旨を報じているが、文面によれば、木因と一緒に参宮を予定していたようだった。又玄の妻に贈った、

月さびよ明知が妻のはなしせむ　　ばせを

の句文懐紙が伝えられていた(『続蕉影余韻』)。

芭蕉は、二見浦《ふたみのうら》を見物後、久居に滞在して九月下旬ごろに伊賀に帰郷した。一方、曾良は、十四日の外宮参拝後、申の刻から悪寒に悩まされ、翌日、芭蕉らと別れて津を経て大智院に向かう。芭蕉・路通は中の郷(未詳)まで見送った。その後曾良は、十月七日に伊賀に入り、翌日、芭蕉と再会、

十日に出立して、名古屋に滞在後、十一月八日に江戸到着、十三日に深川に帰着した。

芭蕉は、路通と共に十一月末に奈良に出て二十七日には春日若宮御祭を見物、十二月二十四日には去来の所で(京か嵯峨野か不詳)翌朝まで鉢叩きを聞き、その頃、去来に「不易流行」を説いたという。湖南の無名庵で越年した。

路通は、芭蕉と同行したり、単独行をとったりしながら元禄三年を迎え、やがて芭蕉に、自分も奥羽行脚を行ないたいと漏らしたようで、芭蕉に、

草枕まことの花見してもこよ(『茶の草子』)

と励まされ、紆余曲折ののち、六月初旬には出羽に至って「月山発句合《がっさんほっくあわせ》」(『俳諧勧進牒』)を成就、白河関を経て九月初旬に江戸に帰り着いた。

芭蕉は、三月下旬に膳所《ぜぜ》に出て、四月六日に幻住庵《げんじゅうあん》に入る。六月初めには京に出て、去来・凡兆《ぼんちょう》と新しい撰集(『猿蓑』)の計画を立て、七月二十三日に幻住庵を出る。その後も義仲寺無名庵《むみょうあん》を中心に湖南に滞在することが多く、京都や故郷を往還、元禄四年四月十八日に嵯峨野の落柿舎《らくししゃ》に入った。

さて、曾良は、上方滞在中の芭蕉に会うために、元禄四年三月四日に江戸を発ち、名古屋・長島・湖南・京を経て、芭蕉を訪ねて二十八日に奈良に入ったが会えず、紀伊・大坂・兵庫などを巡った後、五月二日に落柿舎で芭蕉に再会した。この月二十六日には、『猿蓑』の編集会議に参加、六月二十五日に芭蕉と京都三条の橋で別れた後も各地を巡り、八月初旬に深川に帰着した。

芭蕉は、相変わらず湖南や京都を往還の後、九月二十八日に無名庵を発って帰東の途に就いた。桃隣を同伴、熱田で支考も合流している。十月二十九日に江戸着。深川の芭蕉庵(第二次)は行脚出立前に人手に渡していたので、日本橋橘町の彦右衛門方の借家に身を落ち着け、元禄五年五月中旬に新しい芭蕉庵(第三次)が出来るまでここに住んだ。なお、二月には支考も奥羽行脚に出立、六月に江戸に帰って芭蕉を訪ねている。

『奥の細道』成立までの事情は「はじめに」に記したが、さて、元禄七年五月、芭蕉は、素龍《そりよう》に清書させた一本に自ら「おくのほそ道」と題簽を認め、上方への旅に携帯した。十月十二日に芭蕉は大坂で客死したが、この素龍清書本(西村本)は遺言で去来に譲られ、元禄十五年(推定)に去来の手で井筒屋から出版、以後近代に至るまで、井筒屋版にもとづいたテキストで『奥の細道』は読まれていくことになる。

路通に続き、芭蕉に従って江戸に下った支考も、元禄五年二月上旬から六月下旬にかけて芭蕉の奥羽行脚の跡をたどる松島・象潟の旅を企て『葛《くず》の松原《まつばら》』(元禄五年)を編んだ。芭蕉三回忌に当たる元禄九年三月、桃隣《とうりん》は、如叟《じよそう》とともに三月十七日に奥州へ旅立ち、羽黒山まで赴いて八月中旬に江戸に帰着した(『陸奥鵆《むつちどり》』)。其角《きかく》門の渭北《いほく》(後の淡々)は、宝永元年(一七〇四)七月末から冬にかけて芭蕉の跡を慕い松島に行脚、その記念の集『安達太郎根《あだたらね》』を上梓したし、正徳六年(一七一六)には淡々の友人祇空《ぎくう》も、潭北《たんぼく》と共に、松島・象潟に杖を曳き、潭北は『汐越《しおごし》』、祇空も翌年『烏糸欄《うしらん》』を刊行した。その後も『奥の細道』の跡を慕う旅は、多くの俳人に受け継がれ今に至っている。

付　曾良終焉の地

曾良の墓は、勝本港を見下ろす丘の中腹、能満寺の中藤家の墓地の中にあった。私が壱岐勝本の曾良の墓に詣でたのは、二〇〇三年七月三十日のこと、宿を願った「みやま荘」の深山彰子さんが先に花と線香を用意して待っていてくださり、やがて勝本町長の仲茂氏、壱岐国研究会の須藤資隆氏も来てくださって、お話を伺うことができた。

壱岐の曾良の墓

曾良の墓は、台石の上に、さらに三枚の石を重ねてある。高さは五五センチ、幅二七センチ、奥行き一六・五センチの墓石であるが、上部数センチは平らに切り取られていて、そこにも一ないし二文字が彫られていたはずである。古いものであるために、風化して読めない文字もある。

［右側面］

江戸之住人岩波庄右衛門尉塔

［正面］

寶永七庚□□
賢翁宗臣居士□
月二十□日了

［左側面］

（文字あるも不明）

［背面］

（文字あるも不明）

以前はもう少し読めたのか、今井黙天氏『蕉門曾良の足跡』の「曾良の墓碑について山川鳴風氏の通信」には、正面「宝永七庚匀天／賢翁宗臣居士／十二《ママ》月二十二日」、右側面「江戸之住人岩波庄右衛門尉塔」とある。「十二」は「五」とあるべきだが、ここは半分以上が欠けていて読めなかったはずだ。「匀天」は「寅年」のこと。この曾良の戒名は、臨終の際に、故郷の住職から戒名を貰っていたと言い残したのを中藤家が守って墓石に彫ったと伝えられていたそうだ。なお、曾良が歿したころの中藤家の菩提寺は三光寺（曹洞宗）であったが、同寺は明治初年に廃寺となり、後、能満寺（真言宗）の寺域になったという。

　曾良が幕府派遣巡見使に任ぜられたのは宝永六年（一七〇九）十月二十七日（『徳川実紀』文昭院御実紀）、六十一歳の時であった。宝永七年の歳旦吟に、

ことし我《われ》乞食やめてもつくし哉(真跡草稿)

と詠み(『ゆきまるげ』に「春に我」)、

立初《そむ》る霞の空のまつぞおもふことしは花にいそぐ旅路を(『曾良追福五十回忌集』)

の歌を諏訪の親戚に送ったという。二月には、地誌学者の関祖衡《せきそこう》から餞別の辞「送岩波賢契之西州詩并序」を贈られている。巡見使一行の江戸出立は三月一日とされているが、曾良が三月四日付で又従兄弟の子である二代目岩波六兵衛に宛てた書簡に「此元《ここもと》発足日限未知不申候《いまだしれまうさず》。十五六日頃かと申候」と報じていて、実際は中旬頃になったと推定される。曾良は、身の回りのものを六兵衛を通じて十蔵という人物に預けたりして身辺整理をしていたことも、三月四日付書簡から分かるが、曾良本『奥の細道』は親しい杉風《さんぷう》の元に預けて旅に出たらしく、曾良歿後九年の享保四年に大坂の野坡門の孤燕という俳人が杉風の許を訪れて曾良本を借り受けている。曾良日記も、一緒に預けてあったと思われるが、これらは、享保十年ごろまでに曾良の遺族河西《かさい》家に返却されたようだ。曾良の遺品も、河西家に伝えられていて、昭和二年十一月の「諏訪俳諧史料展覧会」に河西五郎氏蔵の次の遺品二点が出陳されている(安藤武彦氏『斎藤徳元研究』に翻刻。なお、遺品のことについては後にも触れる)。

笈　曾良歿後壱岐勝本ヨリ送リオコセルモノ

硯箱　中ニ印章一ケ(高正字印)アリ

念のために記しておくのだが、曾良は信州上諏訪に高野七兵衛の長男として慶安二年(一六四九)に生まれたが、母の実家河西家に引き取られて成長、父の妹の婚家である岩波家の養子となった。『奥の細道』に記される「河合」姓については、他に使用した例もなく由来も不明で、『奥の細道』登場人物としての名か。

ともあれ、曾良は、宝永七年三月中旬頃に江戸を出立、たぶん東海道を経て大坂から瀬戸内海を船で若松に上陸、四月二十六、七日に唐津領を巡見、二十八日に肥前呼子《よぶこ》に着いて、そこから壱岐に向かう。当初は五月一日に風本(勝本)に着く予定だったが、天候状態が悪く、五月七日に郷ノ浦に入港して、翌日陸路風本に到着している。

接待役のために対馬藩から壱岐(平戸藩)に派遣されていた三浦貞右衛門の日記(宗家古文書・巡検記録A22・29)が長崎県立対馬歴史民俗資料館に保管されていて、曾良のことも記されているが、私が対馬に赴いた日はあいにく休館日で閲覧することは叶わなかった。マイクロ写真も翻刻も無いということで、原文を知ることはできないが、幸い、村松友次氏が『謎の旅人 曾良』の中に摘出して紹介しておられる。同書によると、巡見使一行は百五十人。巡見使は小田切靱負《ゆげい》(三千石)・土屋数馬(二千石)・永井監物(三千石)のいずれも旗本。土屋数馬一行の「御家老」について「御用人」として青木源蔵と岩波庄右衛門すなわち曾良の名が記されている。曾良が巡見使の一行に加えられたのは、今井黙天氏の推測するように、吉川惟足門の関係によるものであろう。寺社関係を担当するのが主たる役目であったとも、同氏は推測されている。

貞右衛門の日記に曾良のことが出てくるのは、五月十一日である。一行はまだ壱岐にあった。天候不良でなかなか対馬に渡れずにいたのだという。曾良は、貞右衛門に対し、土屋数馬に代わって、①天和元年(一六八一)の折は「小山村」とあるのが、今回は「大山村」宿泊となっているのはどういうことか、②舟渡の所が風波のために不可能なときはどうするか、③前回の巡見では佐護村に宿泊したが、今回は深山村となっているのはどういうことか、④先年は仁田村に一宿とあり、今回は瀬田村とあるが、同じ所か、⑤道法《みちのり》(距離)が前回と異なっているがどういうわけか、などと質問をしている。ちなみに、貞右衛門の返答は、①常に「お山村」と言っているので、「小山村」と書かれたのだろうが、正しくは「大山村」である。②既に陸路で行けるように道を作ってあると上申してある。③常には「佐護村」と言うが、実は郷名で、村名は「深山村」が正しい。④同所である。⑤先年は古間《こけん》(古いものさし)で計測したものだったが、元禄年間に訂正した。

曾良の名が出てくるのはこの箇所だけで、他は「御用人」とあって青木源蔵か岩波庄右衛門こと曾良を指すのか明らかではない。曾良の亡くなった五月二十二日の日記には、対馬藩主から見舞いの書状を持った鉄砲役の波右衛門が壱岐までやってきて、返状を受けて即日悪天候の中を引き返したことが記されているが、曾良歿の記載は無い。さらに後の正徳六年(一七一六)夏、関祖衡を誘って入湯のために上州伊香保に赴いた並河誠所の紀行文『伊香保道記』に見える、

楼門の傍より白髪の老翁の鍬を荷ひて歩み来るに逢《あひ》ぬ。見れば、二十年前の旧相識也。世に志

も得ざりければ、一家の婚家すでにをはりぬとて、仕《つかふ》る道をかへして、芭蕉翁と云《いひ》し浮屠《ふと》を友なひて歌枕見んとて出でいにし人なり。共に手をとりて往事を語る。まことに茫々夢かとのみぞ思はる。

との記載から、村松氏は曾良が壱岐で死んだということに疑いを持ち、ひいては曾良の墓も後年に拵えられたものだろうと考えておられる。たしかに、ここに記される人物は、渡辺徹氏が「曾良傳存疑」(『文学』一九三八年四月号)で言われるように、曾良に擬すのが妥当なのではあるが、誠所の「夢物語」として書き入れたのか、このことについて説明する知識を今の私は持ち合わせない。村松氏の考えは、芭蕉・曾良忍者説を補強するための推測だと思われるが、曾良の墓が近代に造られたというのは、後に述べるように考えられない。因みに、同じ吉川惟足門の地誌学者並河誠所と曾良が相識ったのは元禄三年ごろで、誠所の紹介で翌年閏八月以前に同じく地誌学者の関祖衡とも知り合っていたと推定されている。

御用人岩波庄右衛門を欠いた一行は、五月二十六日に対馬に渡海、六月十二日には、厳原《いずはら》の久田浦を発って五島に向かって対馬を去り、九月二十八日に幕府に復命している。曾良は勝本の中藤家で亡くなったと伝えられているが、残念なことにそれを証する記録はない。中藤家は、海産物問屋(鯨問屋とも)で、当時の当主は二代目の五左衛門(享保三年歿)だったとされる。中藤家には曾良の遺品があったというが、十代目(天保十四年―大正四年)の代に使用人が持ち出し、また明治初期に諏訪で行なわれた法要のために頭巾・頭陀袋を貸し出したが、そのまま返却されなかったとも伝えられているという(中藤恵子「中藤家と曾良について」)。これとは別に、中藤家に残された遺品の笈・頭陀袋・硯箱・印章などは松浦藩と相談した結果、江戸の奉行所に送られ、幕府から信州の遺族に回送されたというが、長崎師範で頴原退蔵氏の一級下であった真鍋儀十氏が天理図書館に曾良の遺品の笈も頭陀袋も収まっていることを突き止めたと言い、『壱岐島俳句』(一二九号、一九七六年)と『壱岐日報』(一九七七年三月六日付)に写真を添えて発表されているというが(未見)、もし天理図書館に蔵されているのなら、それ以後何度も開かれた芭蕉展や『奥の細道』展に公開されただろうし、また、天理図書館に収まった事実はない。推測が憶測を生み、さらに合理的な説明を加えようとして、近代に至っても「曾良」に関する「伝説」が新たに付け加えられ、まさしく「謎」の曾良が生み出されていっている。

現在、曾良の墓は、先に述べた深山彰子さんと中藤さんが守っていらっしゃるとのことだが、曾良の墓石の不思議なことは、上部が平らに削り取られていることである。須藤資隆氏は、何かの台として転用されていたのを再建したのだろうと言われ、また墓の大きさから見て三段重ねの台石は不自然で、これも後に据えられたことを示すものだろうと考えを述べられた。また、夙に、壱岐の郷土史家山口麻太郎氏は、この墓石について「塔身に刻まれている蓮華文から見てもこの塔身が宝永頃のものである事は間違いない。ところが、塔身だけで台座が全然別物である。然も塔身は頂部が欠失しているが、その欠失の仕方が自然や偶然の破損ではなく、計画的に欠き取ったものであると私は見ている。縁石か踏段かにするために長さを合せて欠き取ったものであろう」という見解を示しておられる（『太白』一九五九年六月号）。縁石や踏み段に墓石を流用することは考えにくいが、私も、別の場所で柱石などに用いるために上部を削り取ったのを、後にこの場所に移して、台石の上に置いたのだろうと思う。

明治四十二年に曾良二百回忌が勝本で修せられ、信州諏訪から小平《こだいら》雪人《せつじん》が招かれて当地にやってくる。その折、曾良の墓と並んで「夫人」の墓「智峰妙恵信女・享保元丙申天二月十五日」の墓が建っていたという。曾良は、この「夫人」を伴って中藤家に逗留したといい、彼女が美しい京都生まれの和歌に堪能な人であったとか、女絵師であったとかいうことは、勝本で古くから言い伝えられてきたことらしく、雪人も書き留めており、私も深山彰子さんから聞いた。しかし、「夫婦」であったなら、片方の戒名が「居士」、片方が「信女」であること、当時の風習から考えられないであろう。今井黙天氏は、曾良の看護のために、松浦藩が心配して博多あたりから教養のある奥女中風の女性を呼び寄せて曾良の傍に置いたのだろうと推測されている。しかし、もしも曾良が道中で病に罹ったのなら壱岐まで渡海することなく留まったであろうし、壱岐で発病したとしても、天候状態から見て博多あたりから女性を呼び寄せる時間的余裕はなかったはずだ。彼は、少なくとも五月十一日には用務をこなしている。また、プライベートな形で中藤家に二人で長逗留したという「伝説」も、考えられない。なにしろ曾良は「御用人」という大事な職を担っていたのである。曾良墓石と並ぶ墓は、中藤梅之助の妻かめ女の墓石ということだ。

曾良の墓石は、一見して曾良歿当時のものとするに何も不都合のない古さを示している。山口麻太郎氏によると、曾良の墓が今の位置に今の形で組み立てられたのは、雪人が来る少し前のことで、諏訪からの問い合わせにより、当時の俳人たちが探して付近の藪の中に埋まっていたのを見つけだして掘り出したのだという。村松氏の言われる如き、曾良二百回忌を修するにあたって墓が無くては困るので、戒名や命日は諏訪に問い合わせ、適当に古そうな墓石をみつくろって急遽「墓」を作り出したというものではないだろう。曾良五十回忌の頃に建てられたと推測されている諏訪正願寺の曾良墓石には、

［右側面］
俗名岩浪庄右衛門／□壱岐國勝本／卒享年六十二
［正面］
宝永七庚寅年／賢翁宗臣居士／五月廿二日
［左側面］
春に我　曾良／乞食やめても／筑紫哉／姪周徳拝書

と記されてるということであるが（『謎の旅人 曾良』）、むしろ、こちらが壱岐の墓を参考にして建てたものかと考えた方がよさそうである。

勝本では、城山公園の一角に、

春にわれ乞食やめても筑紫かな　曾良

の句碑がある。昭和九年春、本山桂川《もとやまけいせん》が、地元の世話人に頼まれ、岐阜の塩谷鵜平《えんやうへい》に揮毫してもらったものだという（『芭蕉名碑』）。鵜平は桂川と共に、碧梧桐門。碧梧桐を思わせる六朝体の字で書かれていて、同年五月二十二日の曾良二百二十五回忌に除幕式が行なわれた。なお、桂川が壱岐に来たのは、昭和八年のことで、民俗学の調査を目的とするものであったが、桂川の『芭蕉名碑』には、諏訪の曾良の墓についての記載はあるが、勝本のそれについては記されていない。

城山公園に上がっていく所には、

行き〳〵てたふれ伏すとも萩の原　曾良

の句碑がある。平成元年五月二十二日の曾良二百八十回忌記念に建立されたものである。同じく、記念誌『海鳴』が発刊されたとのことで、その一部が、末尾に記すホームページに転載されている。上に引いた曾良にまつわる話のいくつかは、ここから知ることができたものである。

参考文献（＊印のものは、文中に著者名のみを記した）

今栄蔵『芭蕉年譜大成』（角川書店、一九九四年）
大谷篤蔵監修『芭蕉全図譜』（岩波書店、一九九三年）
岡田利兵衛『芭蕉の筆蹟』（春秋社、一九六八年）
岩田九郎『諸注評釈 芭蕉俳句大成』（明治書院、一九六八年）
＊阿部正美『新修芭蕉伝記考説 行実篇』（明治書院、一九八二年）
宮本三郎解題『芭蕉紀行文集』（天理図書館善本叢書 和書之部 第十巻、八木書店、一九七二年）
杉浦正一郎『芭蕉 おくのほそ道』（岩波文庫、一九五七年）
萩原恭男『芭蕉 おくのほそ道』（岩波文庫、一九七九年）
板坂元・白石悌三『おくのほそ道』（講談社文庫、一九七五年）
潁原退蔵・尾形仂『新版おくのほそ道』（角川ソフィア文庫、二〇〇三年）
＊尾形仂『おくのほそ道評釈』（角川書店、二〇〇一年）
井本農一『奥の細道新解』（明治書院、一九五一年）
尾形仂『続芭蕉・蕪村』（花神社、一九八五年）
杉浦正一郎「曾良の『奥の細道随行日記』をめぐりて」（『連歌俳諧研究』創刊号、一九五一年十一月）
＊石川真弘『蕉門俳人年譜集』（前田書店、一九八二年）
＊久富哲雄『芭蕉 曾良 等躬』（笠間書院、二〇〇四年）
＊上野洋三『芭蕉の表現』（岩波現代文庫、二〇〇五年）

＊井本農一『奥の細道をたどる』(角川選書、一九七三年)
久富哲雄『奥の細道の旅ハンドブック』(三省堂、一九九四年)
＊飯野哲二『訂正増補　おくのほそ道の基礎研究』(国文社、一九五四年)
＊金森敦子『芭蕉はどんな旅をしたのか』(晶文社、二〇〇〇年)
萩原恭男・杉田美登『おくのほそ道の旅』(岩波ジュニア新書、二〇〇二年)
菅野拓也『奥の細道三百年を走る』(丸善ライブラリー、二〇〇〇年)
吉成邦雄『天気図おくのほそ道』(和泉書院、一九八七年)
金森敦子「『おくのほそ道』芭蕉の旅の実態」(『俳句』二〇〇三年九月号)
瀧善成「江戸の北方玄関千住宿の文化」(『日本歴史』一九七八年四月号)
丸山一彦監修『下野のおくのほそ道』(栃木県文化協会、一九七七年)
＊金沢規雄『「おくのほそ道」をたずねて』(宝文堂、一九七三年)
北村開成蛙「おくのほそ道・私録」(『濱』一九八一年五月〜八二年四月号)
佐々木喜一郎『二木松考』(平間酒造店、一九五九年)
＊岡本勝『「奥の細道」物語』(東京堂出版、一九九八年)
＊小林文夫「芭蕉と一関」(『文学の森』三号、一九九二年二月)
＊星川茂彦『芭蕉と清風——尾花沢の誹諧』(尾花沢市史編纂委員会、一九七六年)
大友義助『新庄における松尾芭蕉』(新庄市教育委員会、一九八八年)
＊大友義助『松尾芭蕉と新庄』(新庄市教育委員会、一九九六年)
出羽三山神社『出羽三山史』(出羽三山神社、一九五四年)
戸川安章解説『羽黒・月山・湯殿／三山雅集』(東北出版企画、一九七四年)
象潟町編『おくのほそ道象潟』(象潟町、一九八九年)

酒田古文書同好会『方寸』八号(本の会、一九八八年)
　畠山弘「呂笳の系譜」
　＊藤井康夫「随筆　寺島彦助」
＊大星哲夫『越後路の芭蕉』(冨山房、一九七八年)
＊谷沢尚一「『奥の細道』村上の曾良と芭蕉」(『連歌俳諧研究』二九号、一九六七年四月)
＊鈴木鉀三『芭蕉と曾良と村上』(博進舍、一九八八年)
小林勉『頸城文学紀行　補遺』(耕文堂書店、一九九二年)
＊密田靖夫『芭蕉　金沢に於ける十日間』(兼六吟舎、二〇〇〇年)
殿田良作「曾良奥の細道随行日記補考――加賀に於ける」(『芭蕉研究』三号、一九四七年十一月)
矢野貫一「大聖持という表記のこと」(愛知県立大学国文学会『会報』二四号、一九七八年)
＊斎藤耕子『福井の俳句』(福井県俳句史研究会、二〇〇〇年)
斎藤耕子「『おくの細道』敦賀と芭蕉」(『若越俳史』八二号、二〇〇三年十二月)
斎藤耕子「『おくの細道』玉江考」(『若越俳史』八四号、二〇〇四年四月)
斎藤耕子「『奥の細道』の洞哉は近江出身か?」(『若越俳史』八六号、二〇〇四年八月)
岡本耕治『曾良長島異聞』(私家版、一九九五年)
大野国比古「『戸田如水日記』の人々」(『連歌俳諧研究』三四号、一九六八年二月)
なお、『奥の細道』に記されない道中作の発句について知るには、山下一海『見付けぬ花』(小沢書店、一九九七年)をお奨めする。

曾良終焉の地

今井黙天『蕉門曾良の足跡』(信濃民友社、一九五三年)

本山桂川『芭蕉名碑』(弥生書房、一九六一年)
村松友次『謎の旅人 曾良』(大修館書店、二〇〇二年)
原 博一『旅びと曾良の生涯』(長野日報社、二〇〇三年)
山川安人『芭蕉と門人達の風景』(邑書林、二〇〇三年)
安藤武彦『斎藤徳元研究』(和泉書院、二〇〇二年)
渡辺徹「曾良傳存疑」(『文学』第六巻第四号、一九三八年四月)
山口麻太郎「曾良の終焉」(『太白』復刊一三八号、一九五九年六月)
http://homepage1.nifty.com/HAKUSEN/sora/sora.htm

拙著から

『影印おくのほそ道』(双文社出版、一九九一年)
『芭蕉自筆奥の細道』(上野洋三氏と共著、岩波書店、一九九七年)
『芭蕉自筆「奥の細道」の顚末』(PHP研究所、一九九七年)
『奥の細道の研究』(和泉書院、二〇〇二年)
『俳諧から俳句へ』(角川学芸出版、二〇〇四年)

＊本書をなすにあたって郷土史家の方々の業績に負うところが大きいが、調査結果の御教示を得ただけで発表された雑誌名や発行年次等が知られないものも多く、それらを紹介することが出来ずに失礼しているケースのあることをおわび申し上げる。
＊阿部喜三男・久富哲雄『詳考奥の細道増訂版』(日栄社、一九七九年)に拠った文献もある。

あとがき

本書の基となったのは、黛まどかさんの主宰する俳誌『月刊ヘップバーン』に、二〇〇一年八・九月合併号から二〇〇六年一・二月合併号まで、「芭蕉の細道行脚――『曾良日記』を追って」という題で連載されたものである。

元禄二年の芭蕉の実際の旅について書いておこうと思ったのは、「はじめに」にも記したように、文学的創作である『奥の細道』と元禄二年の実際の旅とが、今においてもともすれば混同されてしまって、両者の違いが明確にされていないことに常々不満を感じていたからに他ならない。そして、どういうわけか、「日記」から詳しい動静が分かるのに、芭蕉伝記や年譜においても、この行脚の期間の記述は簡略に過ぎてしまっていると思われるので、逐一「日記」を読んでいきたいと思ったからである。

山本安三郎氏の『奥の細道随行日記』によって芭蕉の奥羽・北陸行脚に随行した曾良の日記の全貌が世に紹介されたのは、芭蕉二百五十回忌にあたる一九四三年のことであったが、戦後になって、かつて公開にあたって山本氏から相談にあずかられたことのあった杉浦正一郎氏が、念願だった岩波文庫に『奥の細道』を入れるに際し、「再発見」されたのであった。昭和三十二年(一九五七)二月二十五日付の杉浦正一郎校註『芭蕉　おくのほそ道　附曾良随行日記』が公刊されたのは、氏の歿後二日目のことであったが、山本氏の本に多く見られた誤読を正し、詳しい脚注を施して、今あらためて使ってみると、氏の御努力と執念がひしひしと伝わってくる。その辺のいきさつについて聞いたことや知ったことは、旧著『自筆本「奥の細道」の顚末』『奥の細道の研究』に記しておいた。その後、一九七二年に天理善本叢書『芭蕉紀行文集』の中に影印版が収められて便利になったが、曾良日記全体を読もうという試みは、いまに至ってなされてこなかったと言えるのである。

『月刊ヘップバーン』連載もようやく半ばに近づいた二〇〇三年三月に、私は、不治の難病に冒されていることが明らかになった。進行性の病気であるために、いつ書けなくなってしまうかも知れない。読者や編集部に迷惑を掛けてはいけないし、何よりも中途半端で終わってしまうことは、私としてもいさぎよしとしないので、五月に最後までを急いで書き終わり、編集部に送ったことだった。そしてさらに大幅に加筆訂正を施して、書き下ろしと言ってよい形に纏めたのが本書である。加筆の大部分は妻の手を借りて口述によった。なお、付載した「曾良終焉の地」は、俳誌『海門』二〇〇四年二月号に載せたものである。

＊

一言、講演の後などでよく質問を受ける「芭蕉忍者説」について触れておく。さすがに多くの研究者は、この「説」を相手にせず無視してしまっているが、そのためにかえって巷間に今もささやかれているきらいがないでもない。

　芭蕉の歩くスピードが常人にくらべてはるかに速いというのが理由の一つだが、これは現代人とくらべてのことであって、当代にあっては普通の速さと考えられる。伊賀の生まれだとか、母が百地氏の出であるということなど問題にならない(母が百地氏の出であることは確定的でなく、疑問視されてもいる)。貧乏な芭蕉がこれだけの長期間の行脚をするに当たって費用があるはずもなく、幕府から旅費が出ていたに違いないと、まことしやかな推察もある。しかし、芭蕉は出立に当たって住居を売り渡しているし、道中で寄った多くの有力者から歓待を受け、俳諧興行の指導料や餞別も受け取っている。道中の費用には不自由しなかったはずだ。念のために言っておくと、それらの費用は芭蕉が直接受け取るのではなく、随行者の曾良が受け取っていたと考えられる。

　仙台藩や加賀藩などの雄藩に滞在しているのは、この藩の内状を探るためだと言うが、奥羽・北陸行脚を試みたならこの藩はさけて通れないはずである。栗橋の関所を手形も見せずに通っているのは、幕府の命を受けていたからだと言う人もあるが、そもそもこの関所は「出女」を警戒していたもので、僧形の二人がいぶかしがられることはなかった。それに、もし幕府の命によるのだったら、そんなことを日記に書くはずもないだろう。曾良の日記に意味不明の記載があるのは秘密の暗号だと言うが、日記は書いた本人だけが分かればよいのであって、他人にわからぬ記載があっても当然である。それに「忍者」がこのようなくわしい日記をつけるであろうか。

　曾良は晩年、幕府派遣巡見使に任ぜられる。これが「忍者」としての役目だというが、諸国行脚の経験と学識を買われてのことである。まして、壱岐で病死といつわり身を隠したというのも、無理な話である。このことは、本書の「曾良終焉の地」をお読みいただきたい。

一体、病弱の芭蕉に「忍者」の役が務まるだろうか。もっともこれとても、病弱なのは、世をあざむく姿であるという考えに到っては、何をかいわんやである。それに、幕府の命を受けたのであれば、早く江戸に帰って復命報告をなしていたはずなのに、その後も長々と旅をつづけていた。

要するに、「芭蕉忍者説」は、今のところ、何の根拠もない空想の産物としか言いようはあるまい。

＊

本文中に挿入した写真は、伊丹市にある柿衞文庫の友の会の皆さんと一九八六年から毎年のように行なった「奥の細道」旅行の時に撮ったものを用いた。

また各地に在住する郷土史研究家のお書きになったものを随分と参考にさせていただいた。

自力で校正などをすることは出来なくなっているので、曾良日記の校訂や全体の校正など全面的な助力を小林孔氏に願った。本書が世に出るに際し友情を賜った雲英末雄氏、黛まどか氏、御尽力下さった岩波書店の松本瑞枝氏と吉田裕氏と、その他多くの方々に深謝申し上げる。

思えば、私の最初の単独の著書は、いわゆる学参物だが、三省堂の「明解古典学習シリーズ」の一冊『おくのほそ道』で、一九七二年のことだった。生涯最初の著書も、たぶん書き下ろしでは最後になるだろう著書も『奥の細道』に関するものであることは、幸甚だと思う。そして、曾良日記を初めて学界読書界の共有物とした杉浦正一郎氏校注になる岩波文庫の発行元岩波書店から本書を刊行できるのも、大きな喜びである。なお、定年後に本格的に取りかかろうと思っていた仕事に、芭蕉以後の奥の細道行脚を含めた『奥の細道』受容史がある。今となってははかなわないことだが、せめて本書からそのわずかなりとも見てとっていただければ幸いである。

二〇〇六年一月一日

櫻井武次郎

■岩波オンデマンドブックス■

奥の細道行脚―『曾良日記』を読む

2006年7月25日　第1刷発行
2006年9月5日　第2刷発行
2016年1月13日　オンデマンド版発行

著　者　櫻井武次郎《さくらいたけじろう》

発行者　岡本　厚

発行所　株式会社　岩波書店
〒101-8002　東京都千代田区一ツ橋2-5-5
電話案内　03-5210-4000
http://www.iwanami.co.jp/

印刷／製本・法令印刷

ISBN 978-4-00-730360-9　　Printed in Japan